Gleam Books

国際法を物語るIII

—人権の時代へ—

阿部浩己

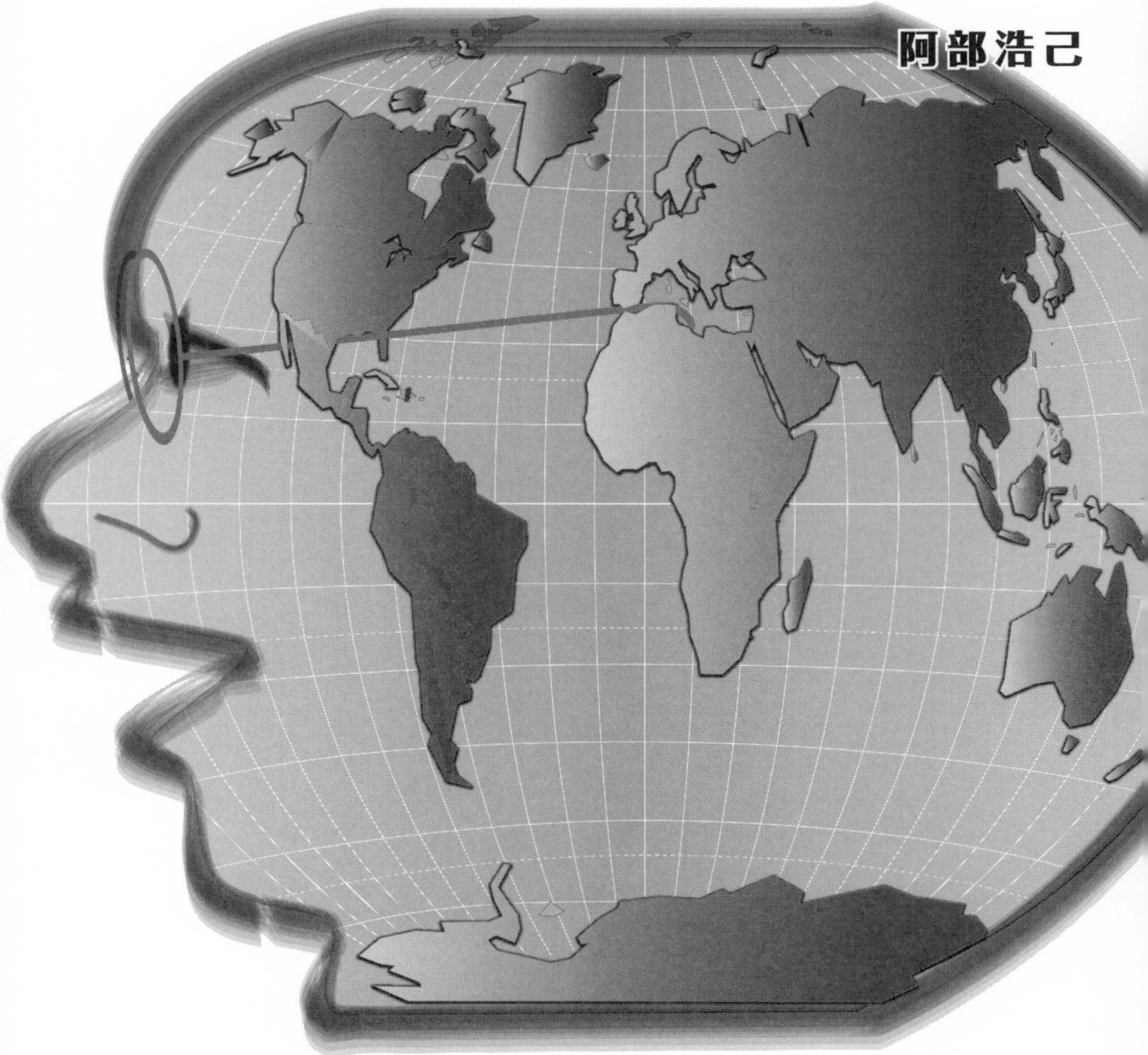

株式会社 朝陽会

はしがき

『国際法を物語る』の第三弾となる本書では、人権を基軸に据えて変容を続ける国際法の動態的な姿を描き出します。

人間の尊厳・人権の理念の重要性については、「国際法なくば立たず」、「国家の万華鏡」という副題をつけて江湖に問うた前二書においても強調したところですが、本書では、二〇世紀後半以降に顕現した「人権の時代」を先導する国際法制度そのものを前景化させて、浅見を巡らせています。

人権には普遍的な価値が認められてきました。世界のどこにあっても、人権は、すべての人に等しく守られるべきものとされています。それを象徴する国際文書が一九四八年に国連総会で採択された世界人権宣言です。同宣言は、二〇世紀から手渡された最高の贈り物の一つのようにも思えます。

むろん、研究者としてかかわる以上、人権を無批判に奉ずることには抑制的であるべきことは多言を要しません。現に、人権には、欧米をはじめとする強者の構造的優位を正当化する陰影が絶えず宿ってきました。国際法において人権を論ずる場合には、そうした不祥の実相にも自覚的であるべきと心しています。

そのことを十分に踏まえつつ、しかし、本書では、国際法制度において人権がもつ可能性を押し広げることに重きをおいて考察を進めています。人権にかかる諸文書は、私たち一人ひとりがもつ権利を明らかにしています。そして国際法は、そうした権利を実現するための仕組みを幾重にも整備してきました。その中心になっているのが国連であり、人権諸条約です。国連人権保障システムの至宝というべき特別手続や、国際人権保障の代表的制度というべき個人通報手続などについて理解を深めていただければと念じています。

もとより、国際人権法は、揺るぎない絶対的な〈善〉を常に体現し続けているというわけではありません。それでも、不十分ではあれ、人間（とりわけ社会的に弱い立場を強いられている者）にとってより良き世界を手繰りよせようとする人々の願いがそこには映し出されています。その営みから学び、かつ、その営為に能動的にかかわっていくことは、国際社会を構成する日本の中で生きる私たちにとって、ことのほか大切なことではないかと考えています。

この「はしがき」を書き終えようとするとき、新型コロナウィルスの蔓延《まんえん》を受けて、緊急事態宣言が発出される状況に立ち至りました。人権と国際連帯の意義を、改めて見つめ直すべきときにあるように思います。

二〇二〇年四月

阿部浩己

もくじ

1　国際法における人権

グローバル化が深化する過程で、国際法は、政治、安全保障、商取引、科学、文化、食・農など人間社会のあらゆる領域に影響を及ぼす度合いをますます強めている。かつては国家（つまり政治エリート）間の利害を論じていれば足りたこの法領域は、今では私たち一人ひとりの生活に直接にかかわる規則・制度を幾重にも設定するようになっている。

人権の分野がその象徴というべきものにほかならない。現に、国家中心に構成されてきた国際法を人間中心の法に構築し直す現代的営みを先端的に牽引《けんいん》しているのが人権といってよく、人権の実現を目指す条約や宣言、履行監視制度があまた折り重なるように生成されてきている。本書では、その人権に焦点をあて、「国際人権法」という語をもって別称されるまでになっているこの法領域の実相を批判的に読み解いていこうと思う。本章ではまず、国際法における人権の歴史的展開をどう理解すべきかについて考察する。

歴史の起動

歴史を叙述する場合には、いくつかの出来事が決定的な意味合いをもつものとして描き出されるのが一般的である。国際人権法の標準的な歴史叙述にあっても、一九四五年の国連憲章と一九四八年の世界人権宣言の誕生が、この法領域の始まりを告げる決定的出来事として位置付けられてきている。国連憲章が「すべての者の人権及び基本的自由を尊重するように助長奨励すること」(一条3)を機構の目的として明記する一方で、世界人権宣言を通じて尊重すべき人権の内容が具体的に明示されるに至ったとされる。両文書は、人権を国際法の領域に導き入れ、国際法の客体に過ぎなかった個々の人間を権利の主体として立ち上げる決定的な契機になったというわけである。

なかでも国連総会により採択された世界人権宣言は、国際人権法の礎として格別の重みを与えられてきている。この宣言は、ルーズベルト米大統領が一九四一年の一般教書演説において示した「四つの自由」(言論・宗教の自由、恐怖・欠乏からの自由)を引き受ける形で、市民的・政治的権利のみならず経済的・社会的・文化的権利を含む広範な権利を「人類社会のすべての構成員の固有の尊厳と平等で譲ることのできない権利」として定式化し、「すべての人民とすべての国とが達成すべき共通の基準として」公布された。

世界人権宣言を導く主要な動力となったのは、ナチスドイツが手がけたユダヤ人虐待などの「記憶」である。第二次世界大戦を経て明るみに出た言語に絶する欧州の惨劇を前にして、緊急に行動をとるべき倫理的・人道的衝動にかられた起草者たちは、同宣言の作成を正当化するため、ホロコーストの経験に加える思想的議論を必要としなかったとされる。

国連憲章と世界人権宣言の誕生を決定的瞬間とする国際人権法の歴史は、その後、ダイナミックな軌跡を描き出していく。東西冷戦の影響も受けて一九五〇年代こそ停滞期に陥ったものの、一九六〇年代になると、脱植民地化を果たしたアフリカ諸国の国連加盟をテコに人種差別撤廃条約が作成され、一九六六年には待望久しき国際人権規約も採択された。同規約は社会権規約と自由権規約とに分かれて生み出されたのだが、その背景には、社会権・自由権をめぐる東西両陣営の認識の対立とともに、より本質的には権利義務構造の相違（国家に積極的な作為義務を課す社会権と消極的な不作為義務を課す自由権の違いなど）が与《あずか》っていた。

発展の時

国際人権規約誕生の後、国際人権法は本格的な発展の時を迎える。この時期、人権問題に対してきわめて抑制的な態度をとっていた国連、特に国連人権委員会（現・人権理事会）がようやく具体的な人権状況について行動を起こすようになる。そのきっかけを提供したのは、南部アフリカのアパルトヘイト、イスラエルによるパレスチナ占領、そして、チリにおけるアウグスト・ピノチェト主導の凄惨な人権抑圧であった。

国連はそれまで、世界人権宣言や国際人権規約を起草し、その普及活動（＝人権の促進）にこそ相応の関心を示していたものの、硬直した東西冷戦の政治的制約もあって人権状況について調査し、勧告を発する活動（＝人権の保護）には及び腰であった。そうした姿勢を根本から改める方向性が顕現したのである。

市民社会が国境を越える人権活動に力を注ぐようになったのもこの時期である。一九七〇年代半ばから強力な女性運動がグローバルに組織される一方で、アムネスティ・インターナショナルが拷問廃絶などにかかる活動を評価され一九七七年にノーベル平和賞を授与されたことにより人権NGOの国際的地位は著しく高まった。同年には、泥沼と化したベトナム戦争の反省の上に、人権を外交の旗印に掲げるジミー・カーターが米大統領に就任するという事態も出来する。欧州では、一九七五年に安全保障協力会議において人権保障を織り込んだヘルシンキ宣言が東西冷戦の緊張緩和に向けて採択されてもいた。こうして、国際政治にあって低次の扱いを受けていた人権が国際関係の表舞台に一気におどり出てくるのであった。

勢いを増す人権分野には有能な人材も集まってきていた。なかでも一九七七年に国連人権担当部長にオランダ出身のテオ・ファン・ボーベンが就任したことは特筆される。人権擁護への揺るぎないコミットメントをもつファン・ボーベンは、政府非難を恐れぬその舌鋒《ぜっぽう》鋭さゆえに、カーター退任後の米政府や大規模人権侵害国政府からことのほか強い反発を受け、結果的に任期を更新されずに国連を去ることになる。しかしこの類い稀《まれ》なる逸材を得て、国連の人権保護活動はかつてないほどの活性期を迎えたのであった。

人権の時代へ

一九七〇年代後半以降、国連では新たな人権文書が続々と採択されていく。女性差別撤廃条約、拷問禁止条約、子どもの権利条約、移民労働者権利保護条約といった主要条約以外にも、宗教的不寛容の撤廃、発展の権利、少数者の権利、女性に対する暴力撤廃などにかかわる多くの重要な宣言が誕生した。二一世紀になると強制失踪条約、障害者権利条約も成立し、先住民族（人民）権利宣言も採択された。冷戦が終結してからは、主要人権条約に附置された定期報告制度や国際人権救済申立（個人通報）制度も本来の機能を発揮し始めており、一九九四年には国連人権高等弁務官が誕生したほか、二〇〇二年には国際社会の最も重大な犯罪の撲滅に向けて国際刑事裁判所も発足している。

こうしたグローバルな展開を補強するように、地域人権保障体制も拡充の一途をたどってきている。たとえば欧州では、初の包括的な人権条約として一九五〇年に欧州人権条約が締結され、その後、同条約を最新化する諸条約が陸続と生み出されるようになった。米州でも一九四八年の米州人権宣言と一九六九年の米州人権条約を皮切りに数多くの人権文書が作成され、アフリカでも一九八一年のアフリカ人権憲章を手始めに人権諸文書が断続的に制定されてきている。さらに二〇〇八年にはアラブ人権憲章が、二〇一二年にはＡＳＥＡＮ人権宣言も採択されるに至った。欧州、米州、アフリカには法的拘束力ある裁定を下す人権裁判所が君臨し、重要な判断を積み重ねてもいる。

人権は、自由主義思潮が浸潤する一九九〇年代以降に、狭義の人権保障制度の枠を超え出て、安全保障や開発、経済を含むあらゆる世界大の政策形成に不可欠の要素・言語として定式化されるまでになった。誰しもが受け入れる「世俗の信念の体系」として、人権はいまや国際法秩序にあって最も重要な価値・利益とみなされているといってよい。一九四五年に歩みを始めた国際人権法の歴史は、それから七〇年ほどを経て、「人権の時代」とでも呼ぶべき現実を世界に引き入れることになったのである。

歴史物語の陥穽《かんせい》

右のような叙述の仕方は、国際人権法の発展の軌跡を分かりやすく描き出し、学術的にも広く踏襲されているものに相違ない。楽観主義を基調に湛《たた》え、進歩の足跡を直線的に刻むこうした叙述には、だが半面で、いくつかの難点が随伴していることも指摘しておかなくてはならない。

まず、国際人権法が第二次世界大戦を経て突如立ち上がったかのように理解するのでは正確さに欠ける。実際のところ、その以前にも、人権とかかわりのある先例的事象は国際関係において少なからず生じていた。たとえば、捕虜の人道的待遇の保障や、自国民を保護するための外交的保護制度、宗教的少数者の保護を名目とした人道的干渉、人身売買・強制労働を規制する諸条約の締結といったものがそうである（このほか、欧州発の国際法を他の文化圏に押し広げていくための橋頭堡《きょうとうほ》として、人権（当時は自然権）が一五世紀末以来不可欠の役割を担っていたことについても本シリーズ一巻で考察したとおりである)。

論者の中には、国際人権法の歴史の端緒を一九世紀初頭の英国による大西洋奴隷貿易撲滅運動に見いだすべきというものもいる (Jenny Martinez, *The Slave Trade and the Origins of International Human Rights Law* (2012))。国内法の制定に加え、各国と締結した二国間条約により設置した国際法廷の活動を通じて、英国が奴隷貿易の廃絶を積極的に推し進めた事実が強調される。だが奴隷貿易の規制は、実際には、英国による独善的な経済利益の追求と帝国主義的海洋支配の強化に資する要素を充満させており、なにより、奴隷の解放が人権という概念をもって推進された形跡が皆無に等しかった実態は看過できない。

国際人権法の直接の起源を一九世紀初頭に求める説にはどうにも難があるというしかないのだが、それでも、奴隷解放のために当の奴隷自身を含め多くの人々の闘いがあったことは確かである。そうした事実に今日の国際人権法が連なっていることを忘れてはなるまい。上述した捕虜の人道的処遇や人身売買・強制労働の規制などについても同様のことがいえる。国際人権法の「決定的出来事」は、一九四〇年代後半に真空地帯から突如現れ出たわけではけっしてない。

他方で、その決定的出来事の理解についても、いくばくかの留保が必要かもしれない。実は、世界人権宣言などの採択を決定的出来事として定位することは、後年になって少なからぬ後知恵をもってなされたところがある。現に、世界人権宣言の誕生により人権を基軸とする新しい世界秩序が築かれるという認識が一九四〇年代後半の時点で広く共有されていたのかは、かなり疑わしい。この宣言が公布される前日に集団殺害を禁じるジェノサイド条約が採択されているのだが、今日であれば当然に密接な繋《つな》がりをもって語られる両文書は、当時まったく無縁のもののように処せられた。世界人権宣言の存在はおそらく今日とは比べようもなく小さかったのであり、国際人権法の礎としての格別の位置付けも、後に（一九七〇年代以降に）構成された歴史叙述の中で、遡求的かつ再帰的になされた側面も否定できない。

発展の陰影

右の標準的叙述についてそれ以上に看過できないのは、国際人権法が抱え込んだ構造的問題への関心が抜け落ちていることである。既に述べたように、世界人権宣言を正当化するため起草過程にあって思想的議論は不要であったとされる。しかし、それが人権についての宣言であったことから、当然の成り行きというべきか、起草者たちは西洋思想に刻印された人権概念を恃《たの》みとした。自然法思想に依拠したフランス人権宣言以来の「合理的な人間（＝健常な大人の男性）」を標準モデルとする普遍的人権観である。この人間像が国際人権法に導入された結果として、女性や、子ども、障害者、同性愛者、少数者など法の利益を十分に享受できぬ〈法の他者〉が創出されることになる。

また、国際人権法の基調は一貫して自由主義と親和的であったことから、公的領域において公的機関との関係で生じる問題に法の焦点があたり、私的領域での非国家主体（私人）による侵害行為を人権問題と捉える認識枠組みは容易に形成されなかった。そのため、私人間で生じる女性に対する暴力や子どもの虐待、障害者・同性愛者の社会的排除などに国際人権法の規制が向けられるまでには相当の時間が費やされることになる。女性・子ども・障害者などにかかる諸条約・宣言は、そのいずれもが、国際人権法に内包された偏頗《へんぱ》な規範構造を脱却しようとする営みの産物であり、この法領域の公正化に向けた歓迎すべき成果にほかならない。

とはいえ、国際人権法は私人の行為を規制する責任を国家に課し、人権を確保する義務の主体を依然として国家に限定し続けている。こうした国家中心的枠組みからも見過ごせぬ難題が生じている。実際のところ、グローバル化の深化に伴い主権国家の力はいっそう減衰し、「南」の発展途上国にあってはそもそも国家に必要な規制権限を行使する能力自体を欠いているところも少なくない。現下の世界において巨大な威権を振るう多国籍企業や国際金融・貿易機関などの活動をきちんと規制しないことには各国における人権の実現はおぼつかないのだが、国際人権法の依拠する国家中心思考はそれを困難なままにおいてきた。

より直截《ちょくせつ》にいえば、一九七〇年代以来の国際人権法の拡充は、時期を同じくして生長し始めた新自由主義によってもたらされた世界大の深刻な弊害（格差・不平等のとめどもない広がり）を人権の問題として的確に捉えられないでいる。人権の実現を国家の枠組みで捉える制度的な限界であるとともに、グローバル経済（市場）のあり方が国際人権法にとって重大な死角になっているためでもある。

これに付け加えるに、国際人権法の発展は、この領域の専門化、官僚化、脱政治化を推し進め、人権が本来的にもつ民衆を動員する力（政治的な切れ味）を大幅に削り取ってしまったところもある。二一世紀に入り安全保障への懸念が増大するなかで、暴力（警察力・武力）を規制する力も弱まっているように見える。標準的な叙述を離れてみれば、国際人権法の歴史はけっして「直線的な進歩」一色ではなく、発展・拡充に随伴する陰影もそこかしこに見て取れるのである。

2　国際人権規範の相貌

前章でその形成過程について論じた国際人権法は、人権の国際的保障を通じて、人類すべての者に等しく人間の尊厳が確保される世界の実現を目指している。人間（市民）の利益を中心に据えている点において、この法領域には、国家（政策決定エリート）を中心にしたこれまでの国際法のあり方を根本から変革する契機が備わっている（とはいえ、人間以外の生命体からすれば、依然として偏頗な人間中心主義の現れには違いないのだろうが）。

ここでは、国際人権法を構成する文書（条約や宣言など）にはどのようなものがあるのかを概観し、ついで、国際人権文書に規定されている諸権利を整理・分類してみようと思う。それら諸権利は人類すべて、すなわち私たち一人ひとりに保障されているものであることはいうまでもない。さらに、国際人権法が掲げる人権の内実がどう変遷してきているのかについても改めて振り返ってみることにする。

国際人権章典

急速に増大する国際人権諸文書の根幹をなすのは、一九四八年に国連総会で採択された世界人権宣言と、これを条約化した国際人権規約（一九六六年）である。国際人権規約は権利義務の性格の違いや東西冷戦の影響もあって、社会権規約（経済的、社会的及び文化的権利に関する国際規約）と自由権規約（市民的及び政治的権利に関する国際規約）とに分かれて生み出された（正確を期せば、これに、個人通報＝国際人権救済中立制度について定める選択議定書というもう一つの条約も附置された）。これらの文書は、その際立った重要性に鑑みて、国際人権章典（International Bill of Rights）と称されることもある。

なかでも世界人権宣言の位置付けは格別で、論者の中には「国際的行動をとる場合において、人権とは、あらまし世界人権宣言に定められたものを意味している」と述べるものもいる（Jack Donnelly, *Universal Human Rights in Theory and Practice*（2003）, p.22）。この言に関連して、普遍的に適用される条約・宣言はもとより、欧州・米州人権条約やアフリカ・アラブ人権憲章といった地域人権文書を含め、あらゆる国際人権文書がその正統性の基盤を世界人権宣言に据えていることも特記される。世界人権宣言ぬきに、国際的次元で人権を語ることはできない、といっても過言ではないかもしれない。

とはいえ、そうした文書といえども人間の作り出したものには違いなく、当然ながら時代的な制約と限界を免れることはできない（世界人権宣言の特別の位置付けは後年になって定着するに至ったことも1章で指摘したとおりである）。実際のところ、変容する世界の現実は、一九四八年の時点では予見し得なかった実情を出来させ、これに呼応する新たな人権（人民の自己決定権、発展の権利、先住民族の権利など）の定立を必要としてきた。こうして、一九九三年六月に招集された（第二回）世界人権会議は、世界人権宣言の重要性を再確認したうえで、その内容をバージョンアップするウィーン宣言（及び行動計画）を採択するに及んだ。国際人権章典に論及する場合には、今日では、そのウィーン宣言もあわせて考慮することが不可欠である。

主要九条約

国際人権章典を樹木の根幹にたとえるなら、多くの太い枝がそこから分かれ出て、国際人権の花を咲かせていくことになる。

枝分かれの仕方は大きくは二つの方向で見て取れる。一つは権利に沿って、もう一つは主体に沿って、である。ただ、国際人権の樹木はけっして予定調和的あるいは体系的な成長の軌跡を描いてきたわけではない。むしろ、歴史の特定の瞬間に、必要な諸要素が偶有的に折り重なって産み落とされた文書の堆積、というのが実相に近い。言い換えれば、超越的な立法者がすべてを取り仕切ってきたのではなく、各国（特に影響力をもつ諸国）の政治的思惑や国内事情、ＮＧＯからの働きかけ、被害者（サバイバー）の連帯、知的枠組み（理論）の形成、といった変数が偶有的に作用して個々の国際文書の制定が可能になったということである。当然ながら、権利別・主体別という区分を含め、ここでの国際文書の整序の仕方も後知恵をもって行っているものではある。

その点を断わったうえで国際人権の樹木の成長の軌跡を描いていくと、まず権利別のラインでは人種差別撤廃条約（一九六五年）、拷問禁止条約（一九八四年）、強制失踪条約（二〇〇六年）が、主体別のラインでは女性差別撤廃条約（一九七九年）、子どもの権利条約（一九八九年）、移住労働者保護条約（一九九〇年）、障害者権利条約（二〇〇六年）といった諸条約が枝分かれしてきたことを確認できる。国連総会で採択されたこれらの条約は、先述した二つの国際人権規約とともに、国際人権法の中核を構成する「主要条約（Core Treaties）」と呼ばれるものでもある。

これらの条約には、その後の規範的進展や手続的整備の要に応じて、「選択議定書」という名称の新たな文書が追加されてきてもいる。たとえば、死刑廃止を目的とする自由権規約第二選択議定書（一九八九年）、女性差別撤廃条約選択議定書（一九九九年）、子どもの売買等に関する選択議定書（二〇〇〇年）といったものである。また、主要九条約には履行を監視するための特別の国際的仕組み（条約機関）が備わっており、その下で、定期報告、個人通報、さらには国家通報・調査という諸制度が運用されてきている。

主要九条約以外では、難民条約・議定書（一九五一・一九六七年）、無国籍者条約（一九五四年）、無国籍削減条約（一九六一年）、ジェノサイド条約（一九四八年）、奴隷制・奴隷制補足条約（一九二六・一九五六年）などが国際人権の樹形の中に位置付けられる。また、厳密には国際人道法・国際刑事法という法領域に振り分けられるものではあるが、武力紛争被害者保護のための一九四九年ジュネーブ四条約（文民保護条約など）と一九七七年ジュネーブ第一・第二追加議定書、さらに国際社会における最も重大な犯罪行為の処罰と、その被害者保護を目指す国際刑事裁判所規程（一九九八年）も、国際人権保障と密接なつながりをもつものである。

その一方で、国際人権文書のなかには、ソフト・ロー文書（各国の行動を律するための非拘束的合意、本シリーズ一巻6章参照）も数多く存在している。権利別では宗教的不寛容撤廃宣言（一九八一年）や発展の権利宣言（一九八六年）、主体別では被拘禁者保護原則（一九八八年）や少年保護規則（一九九〇年）、少数者権利宣言（一九九二年）、女性に対する暴力撤廃宣言（一九九三年）、先住民族（人民）権利宣言（二〇〇七年）などがあり、いずれも国連総会で採択されている。

右諸文書はどれも世界全域で適用されることを予定されているのだが、これらに付加して、人権保障の水準を地域的にさらに高める条約・宣言も作成されてきている。欧州人権条約（一九五〇年）と米州人権条約（一九六九年）がその代表例だが、地域人権条約はアフリカ（一九八一年）とアラブ（二〇〇四年）にもある。欧州・米州・アフリカでは、選択議定書を通じて人権規範の最新化が進められてもいる。

二〇一二年には東南アジア諸国機構でＡＳＥＡＮ人権宣言も採択されているが、日本の所在する東／北アジアでは、外交的・歴史的軋轢《あつれき》もあり、地域人権保障に向けた政治的意思は希薄なままである。

保障される人権

国際人権文書には多様な人権規範が規定されている。それらを類型化して整理するには、自由権と社会権という分類がこれまで最も一般的であった。前者には、生命・自由・身体の安全、奴隷・拷問の禁止、公正な裁判を受ける権利、無罪の推定、プライバシー、移動・思想・良心・宗教の自由、表現・集会・結社の自由といった諸権利が含まれ、国家から干渉を受けない自由として語られてきた。これに対して社会権は、国家の積極的介入を通じて社会的平等の実現を図るもので、社会保障・文化的生活への権利、労働・健康・居住・教育権などがここに分類される。

国家は、自由権については即時に実現する義務を負うものの、社会権については漸進的に達成すればよいという理解が広く共有されてきた。しかし、一九九〇年代以降、国際人権法にあって自由権と社会権の境界は融解しつつある。国家は、どの人権の実現にあたっても三種の義務を負うとの理解が広まってきたからである。すなわち、尊重（人権侵害行為を控える）、保護（第三者による侵害行為を規制する）、充足（権利実現に向けて積極的措置をとる）という三つの義務である。これらの義務は、自由権・社会権の違いにかかわりなく共通に妥当するものと解されている。

一例をあげると、自由権に分類される拷問禁止は、国家が①自ら拷問を控えるだけでなく、②第三者の行為を規制し、さらに③法執行官に教育・訓練を行い、拷問による自白の証拠価値を否認するなどの積極的措置をとることで初めて実現可能になる。同様に、社会権に分類される居住権の実現にあたっても、国家は①住宅の供給や財政的補助など積極的措置をとるだけでなく、②第三者による地代・賃料の不当な値上げを規制し、さらに③不当な強制立ち退きを自ら控えることを求められる。このように、いずれの人権規範についても、その実現には三つの次元での義務が国家に課せられるという理解が共有されてきており、そうなると、自由権と社会権との間に概念上の違いを設けるのは難しくなってくるのである。

国際人権を類型化する第二のやり方は、個人の権利と集団の権利という区分である。右で述べた自由権・社会権規範はすべて個人の権利というべきものだが、その一方で国際人権文書には集団（人民・マイノリティ）を主体とする権利も定められている。本シリーズ二巻3章において琉球／沖縄との関係で論及した人民の自己決定権（自決権）や平和への権利、発展の権利、先住民族（人民）の権利などがこれにあたる。発展の権利や先住民の権利については、集団だけでなく個人もその主体に想定されている。こうした類いの権利は日本国憲法などには見られないものである。

論者によっては、自由権を第一世代の人権、社会権を第二世代の人権、集団の権利を第三世代の人権と称する向きもある。日本を含む欧米諸国は集団の権利の拡充には総じて懐疑的ではあるが、一九九三年のウィーン宣言が示すように、国際人権法上すべての人権は不可分であり、かつ相互に依存し相互に関連し合っていることから、どのような区分がなされようと等しく取り扱われなくてはならないものである。

なお、国連で採択された人権諸条約は自然人に適用があり、法人その他の団体は権利の主体に組み入れていない。また、米州と異なり欧州において胎児は生命権を有する人とは解されておらず、自由権規約の下でも同様の取り扱いがなされている。他方で、右に述べた国家の「保護」義務が示唆するように、国際人権法は私人間における人権保障の必要性をはっきり認めている。現に、人種差別撤廃条約は「輸送機関、ホテル、飲食店、喫茶店、劇場、公園等一般公衆の使用を目的とするあらゆる場所又はサービスを利用する権利」を定め、女性差別撤廃条約は「個人、団体、又は企業による女子に対する差別を撤廃」し、「女子に対する差別となる既存の…慣習及び慣行を修正し又は廃止する」ことを明文で要請している。

同一性から多元性へ

国際人権規範の展開を別の角度から顧みると、同一性から多元性へと追求する目標が変容してきている様を見て取れる。同一性とは差別なく同じ条件を保障されることであり、国際人権章典にはそうした平等観が色濃く反映されている。

だが同一性の実現は容易でなく、次なる手立てとして、平等を阻む社会的障壁の撤廃に照準を定めた差別撤廃型の文書が推進されることになる。こうした文書は、人種や性といった障壁を除去すれば人間は同じ社会にあって同一の人権を等しく享受できるはずだ、という想定に立つ。「人間みな同じ」という平等主義（egalitarian）の物語が構想されているわけである。

しかしこの物語にあって、聳立《しょうりつ》する差別の壁が取り払われた後に出現するのは、やや単純化していうと、被差別者が白人や男性といった強者に変貌する社会にほかならない。特定の集団が被る構造的不利益の除去に焦点をあてた点で差別撤廃文書の重要性は疑うべくもないが、しかし、強者への接近・同一化をはかるというのでは、既存の偏頗な社会構造になんの変化ももたらされないことになりかねない。

そこでさらに次なる段階では、多元的人間／人権観を打ち出す文書が登場することになる。その先端的な姿を映し出しているのが障害者権利条約である。この条約は人間を同一にする（強者たる健常者に近づける）ことを求めているのではなく、人間間の恒常的な差異・多様性を認めたうえで、そうした差異・多様性が当人に不利に働くことがないよう社会のあり方そのものを変えるよう要求するものである。

とりわけ革新的なのは、自立能力（事理弁識能力）に人間人格の基礎をおいてきた従来の人権文書のあり方を根本から改め、「障害者が生活のあらゆる側面において他の者との平等を基礎として法的能力を享有すること」（一二条）を認めたところにある。どれほど強い認知障害や心理社会的障害をもっていようとも、当人の法的能力は完全に認められなくてはならない。第三者が意思決定を代行することは許されず、当人が自らの意思・選好に基づいて法的能力を主体的に行使できるように社会制度を整え、支援することが求められるのである。

この条約には障害者が地域社会で生活する権利も明記されているが、ここでも障害者の完全な参加を可能にするため健常者中心の社会のあり方を根本から変革する必要性を確認できる。

既存の社会構造を温存しつつ被差別者に同一化を求めたりあるいは余剰の恩恵を分け与えるというのではなく、社会のあり方自体を多元的なものに変革することにより、一人として同じでないすべての人間が、固有の尊厳と存在を等しく尊重される現実世界の構築を国際人権法は目指している。道のりは長く剣呑《けんのん》には違いないだろうが、追求する価値が十分にある企図ではないかという思いである。

3　国際人権保障システムを概観する

思考の基本的枠組み

ここでは、前章に考察した国際人権諸規範を実現するための国内的・国際的仕組みについて考察を進めていく。それに先立ち、まずは国際人権法の基本的な思考枠組みがどうあるのかを確認しておきたい。

第一に、国際人権法は国際法を母体とするものではあるものの、保護法益は人間の権利であり、また、人間はほぼ例外なくどこかの国の中に存するので、当然にその実現には国内法との連携が欠かせない。国際法と国内法を結びつける横断的な思考がこの法領域には不可欠ということである。

第二に、憲法や民法など国内法についての議論は「裁判」とのかかわりでなされることが多いが、国際人権法については裁判によらない手続も等しく重視されている。その含意はけっして小さなものではなく、法の脱エリート化というべきものを導いているところにそれを見て取れる。

すなわち、裁判を中心に据える思考態度は、法を「法解釈」中心に構成し、法の実現を「法曹エリート」の手に委ねることを当然視する。これに対して国際人権保障にあって法は政治や人々を動かす「社会的動員」の手段としても重視される。このゆえに、ＮＧＯや市民／民衆とのつながりに格別の重みがおかれ、法を専門家の占有から解き放つ思考態度が養われる。

第三に、国際人権法においては、あらゆる人権が相互に依存し、一体のものと認識されている。自由権、社会権、さらには（日本の国内法にはない）自決権など集団の権利にも等しい価値がおかれる。欧米の法認識をそのまま投射するのではなく、「南」（発展途上国）の人権観を包摂したグローバルな法のあり方が映し出されており、これを別言すれば、「南」を野蛮視せず、先進国中心の考え方からの脱却を意識的に図ろうとしているのでもある。

第四にもう一つ特徴的なのは、権利の主体が抽象的な人間に還元されて終わるのではなく、子ども、移民労働者、女性、性的マイノリティ、先住民族（人民）、障害者というように具体的な存在としても名指しされ、さらに、多元的な人間観・社会モデルが求められていることである。特別の配慮を必要とする集団として具体的に名指しされる人々は、強者によって守られる「弱者」とみなされるのではなく、社会に豊かさと平和をもたらす対等な「パートナー」と位置付けられている。多様で対等な集団・人々によって構成される多民族・多文化・多元的社会のビジョンに国際人権法はこよなく親和的である。

立法の威力

国際人権規範（国際人権基準）は私たち一人ひとりが生きる国の中で機能する。国際人権法の実現は、それゆえ第一義的には各国の国内的仕組みを通じて行われることになる。この目的のために動員される主な法制度は、立法・行政・司法というお馴染《なじ》みの三権だが、このほかにも市民社会やマスコミなどの果たす役割も同様に重要である。以下では、論述の便宜から三権を中心に整序する。

まずは立法措置である。国際人権基準の実現には、各国が国内法令（条例を含む）を整備することが必要である。「条約法に関するウィーン条約」二六条が定めるように各国は条約を誠実に履行する義務を負うところ、その履行の仕方として人権条約の場合には立法措置（国内法の整備）を欠かすことができない。現に自由権規約二条二項も次のように規定している。「締約国は…この規約において認められる権利を実現するために必要な立法措置…をとるため、自国の憲法上の手続及びこの規約の規定に従って必要な行動をとることを約束する」。

人権条約の実現を既存の国内法令が阻害しているのであれば、当該国内法令は改正しなければならない。条約法条約二七条が規定するように、各国は「条約の不履行を正当化する根拠として自国の国内法を援用することができない」からである。法令の改正もまた条約実現のための立法措置にほかならない。

私は一九八一年に大学院に進学したのだが、その年に記憶に残る大掛かりな「立法措置」が日本でとられる契機が生じたので紹介しておきたい。米国の外交圧力も受け一九七八年にインドシナ難民の受入れを開始した日本にとって、未締結の状態にあった難民条約・議定書への加入が次なる政治・外交課題として浮上していた。最大の難題とされていたのは、この条約が社会保障制度について「内国民待遇」つまり外国人たる難民に国民と同一の待遇を要求していたことである。

「単一民族神話」あるいは排外主義に覆われていた日本社会にあって、外国人（当時は在日韓国・朝鮮人とほぼ同義）の処遇は「同化と排除」を旨として行われ、社会保障制度においても日本国籍を有しない者は排除の対象とされていた（正確を期せば、「日本に住所を有する日本国民」でない在外邦人も排除の対象とされていた）。難民条約・議定書に加入するには社会保障制度を通底していた国籍条項を法令から削除しなければならず、厚生省（当時）にとっては本来的に受け入れがたいところであった。同省は、内国民待遇を拒否する旨の「留保」を付すことを加入の条件として打ち出していたとされる。

だが一九八〇年に厚生大臣に就任した園田直はインドシナ難民国際会議への出席経験もあり、「難攻不落」の〝二〇三高地〟とも称されていた同省事務当局を押し切って国籍条項削除の政治的決断に踏み切った。こうして実現した難民条約・議定書への加入により「日本社会の構成員を『国民』に限定するという歪んだ発想に〝頂門の一針〟が放たれた」と田中宏は評している（『在日外国人・第三版』岩波書店、二〇一七年、一七二・一七三ページ）。

難民条約・議定書の国内実施措置として、「出入国管理及び難民認定法」が整備されたほか、内国民待遇を確保するため児童手当法・児童扶養手当法・特別児童扶養手当法に加え国民年金法からも国籍条項が取り除かれ、こうして日本社会の構成原理を変えゆく大掛かりな法令整備が実現した。一九八五年の女性差別撤廃条約の批准に際しては、男女雇用機会均等法が整備され、国籍法も改正されて父母両系血統主義が導入されることになった。時計の針を進めて二〇一四年に批准された障害者権利条約の場合には、障害者基本法の改正のほか障害者総合支援法および障害者差別解消法の制定、さらに障害者雇用促進法の改正と、抜本的な国内法体制の整備が行われた。いずれも、条約により要請された国際人権義務の履行を確保するための立法措置に相違ない。

このほか、改正の対象にはならずとも、既存の憲法や法令、条例も、国際法を誠実に遵守する義務の観点から、国際人権義務に適合するように解釈適用されなくてはならないものである。

行政、司法、ＮＨＲＩ

国内的措置の第二は、行政機関の行う活動である。行政処分のような権力的行政活動や行政計画・指導のような非権力的行政活動のほか、行政救済制度（行政上の不服申立て）がここに分類される。加えて、裁判外紛争処理機関を構成している労働委員会や紛争調整委員会などの活動も国際人権基準の実現に密接にかかわっている。

第三に、裁判の果たす役割もきわめて重要である。裁判を通じた国際人権法の実現については5章で論ずるが、日本では国際協調主義を体現する憲法九八条二項により国際法が直接に国内的効力を有することもあり、民事・刑事・行政にかかわる様々な訴訟で国際人権基準が裁判判決の直接・間接の根拠として利用されている実態がある。

ところで、世界各国におけるこの二十余年ほどの実情を見るに、国際人権法を実現する国内的仕組みという観点から際立った関心を集めているのは国内（国家）人権機関（ＮＨＲＩ）の活動である。ＮＨＲＩが行う活動は二つに大別される。一つは、制定される法令が国際人権義務に適合しているかを精査し、政府に対して人権に関する研修や助言を行うことであり、もう一つは人権を侵害する政府の行為を是正し、被害者に必要な救済措置を提供することである。

性質の異なるこの二つの活動のバランスをとるのは時に難事であるものの、ＮＨＲＩは堰《せき》を切ったかのように世界各地で続々と立ち上がっている。アジア太平洋地域でも、オーストラリア、ニュージーランド、カナダ、フィリピン、インド、インドネシア、マレーシア、韓国、フィジー、ネパール、スリランカ、タイなどに設置されている。

ＮＨＲＩのあるべき姿を定めているのは一九九三年に国連総会で採択された「国内人権機関の地位に関する原則（パリ原則）」である。憲法・法令による設置であること、独立した独自の（準司法的）権限を有すること、といった組織の根幹部分のみならず、活動内容についても、政府への勧告と報告、国内法令と国際人権法との適合性の促進、人権条約批准の奨励、人権教育・研究・普及の支援、国際機関との協力などが詳細に記されている。

日本では、全国各地に所在する一万四〇〇〇人ほどの人権擁護委員の助力を得て法務省人権擁護局の下に人権擁護行政が展開されているが、組織的にも財政的にも独立性を欠いており、国際人権機関における評価では、国際人権法上のＮＨＲＩとは認められていない。累次にわたる制度改編の試みが重ねられてはいるものの、独立したＮＨＲＩの設置は、国際人権法の国内実施という観点から日本の抱える最大の課題の一つであり続けている。

なお、ＮＨＲＩに類似したメカニズムとしてオンブズマン（オンブッド）制度を採用している国もある。オンブズマン制度は政府の行為一般をチェックするものだが、人権やジェンダー／平等あるいは子どもに特化したオンブズマンを設置しているところもある。人権に特化したオンブズマン制度も全国レベルのものは日本にはない。

国連人権理事会

国際人権基準の国内実施を側面から促すのが国際的仕組みである。広義では、人権にかかわるあらゆる国際機関（国連安保理や国際司法裁判所、ユニセフ、世界銀行など）の活動を含むが、ここでは人権の促進・保護を本来的任務とする国際人権機関に焦点をあてて説明する。

国際的仕組みには、大別すると国連憲章によるものと人権条約によるものとがある。欧州や米州、アフリカ、アラブ、東南アジアなどには、地域人権裁判所や人権委員会など独自の地域的仕組みが備わっているので国際的仕組みはさらに増えるのだが、日本の位置する東（北）アジアにはそうした地域的仕組みがないので国連と人権条約の二つを基軸に考察することになる。

国連の仕組みにあって人権活動を牽引する旗艦的な存在は人権理事会である。「理事会」とはいっても、実際には国連総会の下にある補助機関である。二〇〇六年に人権委員会を改組して発足した。国連総会で選出される三年任期の四七か国によって構成されている。

ちなみに任期中の米国が二〇一八年六月一九日に理事会を脱退表明したことは報道でも知られているとおりである。脱退の理由は理事会の活動が偏向している（端的にいうと、イスラエルに厳しすぎる）ということなのだが、この国は、理事会が発足した時にも（当時はブッシュJr.政権）メンバー国のあり方に異議を唱え参加を拒んでいた。オバマ政権になりようやく理事会に加わることになったものの、トランプ政権下で再びの政策変更とあいなった。米国の行動は、大国の傲慢な政治的姿勢の表出そのものとはいえ、主権国家により構成される人権理事会が濃厚な政治力学の作用を免れないことを浮き彫りにしている点で実に示唆的ではある。

人権理事会は、こうした不安定要因を抱えつつも、次のようなメカニズムを通して人権の促進・保護に向けた活動を行っている。

第一は諮問委員会である。理事会の要請に応じて研究、調査・助言を行う。一八人の専門家からなるこの委員会は、人権教育やハンセン病差別、アルビノ、平和への権利などに関する重要な研究・調査の成果を出してきたが、人権委員会の下にあった人権小委員会とは異なり、自らの発議で決議や決定を採択できず、理事会の強度の統制に縛られて専門家の独立した知見が十分に活用されないままにある（諮問委員会のおかれた現状を前に、その存在理由に疑問符をつける向きもある）。

第二は申立手続である。「大規模で、かつ、信頼できる一貫した形態の人権侵害」を示す申立てを非公開で処理するために設けられた人権委員会における手続を引き継いだものである。二〇〇六年から二〇一四年一〇月までの実績を見ると、一一か国における一六の事態（アフリカ、中東、中央アジアがほぼすべて）が二つの作業部会の検討を経て人権理事会の決定に付されている。決定内容は検討を終了するか継続するかのどちらかだが、終了の場合には技術支援提供の勧告や検討内容を公開する決定などを伴うことがある。非公開であるので各国政府が救済措置をかえってとりやすくなっているとの評価があるものの、人権侵害の被害者にとってどれほど有益な制度として機能しているのかについては少なからぬ疑念もある。

第三は特別手続だが、「国連人権保障システムの至宝」とも評されるこの手続については次章で考察する。

第四は調査委員会（調査団）である。人権法や人道法の違反について調査する委員会などを設置し、その調査報告を国際刑事裁判その他の手続に供する活動である。二〇一二年にシリアにおける政府・反政府勢力の戦争犯罪および人道に対する犯罪を明らかにした調査報告のほか、二〇一四年には朝鮮民主主義人民共和国（ＤＰＲＫ）に関する調査報告も公表されている。

人権理事会はＤＰＲＫに関する調査委員会の勧告に基づき国連総会に適切な行動をとるよう勧告し、これを受けて総会は安全保障理事会にＤＰＲＫの事態を国際刑事裁判所（ＩＣＣ）に付託するよう勧告するに及んでいる（ただし、安保理ではロシア・中国の反対があり、ＩＣＣへの付託はなされていない）。直近では、二〇一九年九月にミャンマーの事態を扱った独立国際調査団の報告書も公表され、同国における深刻な人権状況への毅然たる対応が勧告されている。

普遍的定期審査

国連人権理事会のメカニズムの第五は普遍的定期審査（ＵＰＲ）である。二〇〇六年に発足した同理事会の看板というべきもので、すべての国連加盟国が定期的（当初は四年ごと）に他の加盟国によって人権状況を審査され、必要な勧告を受ける制度である。

国連は一九五六年以来、人権理事会の前身である人権委員会主導の下に、各国が人権状況について三年ごとに報告する制度を有していた。しかしその効果があまり実感できないまま、人権条約の普及もあり、この制度は一九八〇年に廃止されるに至っていた。

こうした前史も踏まえて構想されたＵＰＲの生みの親はスイスの国際法学者ウォルター・ケーリンといわれることもあるが、公式には、二〇〇五年の人権委員会最終会期における国連事務総長（当時）コフィ・アナンの呼びかけに始まる。新設理事会において、すべての国がすべての人権義務の履行に関して定期的にピアレビューされるべきことをアナンは力強く訴えた。

西欧諸国や大手のＮＧＯは重大な人権侵害国を対象にした国別審査を重視し、この提案に当初は懐疑的であった。だが、理事会への信頼を確保するためすべての国を審査対象にすべきことが説かれ、加えてカナダの具体的な提案もあり、同年の国連総会決議（60/251）でＵＰＲの導入が決定されることになる。制度の詳細は、二〇〇七年の人権理事会制度構築決議（5/1）で確定された。

ＵＰＲは、国連憲章、世界人権宣言、当該国が締結している人権条約、自発的誓約、適用可能な人道法を審査の基準とする。年に三回、人権理事会の定期会合以外に招集される作業部会で三時間半にわたり審査（双方向対話）が行われるのだが、審査に際し、被審査国は二〇ページ以内の報告書を提出する。

その一方で、人権高等弁務官事務所も、人権条約機関・特別報告者らの報告に含まれる当該国に関する情報を編集した文書を用意し、さらにＮＧＯなど利害関係者が提出した信頼できる情報を要約した文書も準備する。ＮＧＯはこのように被審査国についての情報を人権高等弁務官事務所に提供できるものの、審査に参加することはできない（ただし、傍聴は可能である）。

審査結果としての結果文書は本会合で採択される。結果文書は、勧告および（または）結論と被審査国の自発的誓約からなる。二〇〇八年から一一年にかけて第一回目の審査が行われ、一二年から一六年にかけて第二回目、そして現在は一七年から二一年までの第三回目の審査サイクルの過程にある。

ちなみに日本の第三回目の審査は二〇一七年一一月一四日に行われ、一〇六か国から二一七の勧告を受けた（人権理事会は四七か国により構成されるが、他の国連加盟国もオブザーバー国として審査・勧告に参加することができる）。そのうち一四五についてはフォローアップに同意し、その余の七二について部分的に同意する、留意する、あるいは、受け入れない、と回答している（死刑にかかわる勧告などについて、「受け入れない」との回答が示されている）。

ＵＰＲの最大の強みは、すべての国連加盟国が等しく審査に服するという「普遍性」にある。重要なのは、人権面で批判を受けることが比較的少なかった欧米諸国が、厳しい批判を向けられてきた非欧米諸国と並んで審査を受け、多くの改善勧告を受けていることである。これによって、人権がすべての国の共通の関心事であるとの認識がいっそう強化されているように見える。

多くの国が相互に見解・勧告を出し合う情景も、一昔前であれば想像もつかなかったことである。他国との人権対話を通常であれば拒絶するような国が積極的に双方向対話に従事する様はことのほか印象的である。

また、審査自体には参加できないとはいえ、情報提供者としてＮＧＯが重要な役割を果たしている様も見て取れる（各国が日本に発した勧告の多くもＮＧＯの情報に拠《よ》っている）。そのＮＧＯの情報も含め、審査に際して人権高等弁務官事務所が用意する文書を通じ当該国に関する有益な情報にまとめて接することができることもＵＰＲの利点の一つに相違ない。

他方で、時間的な制約や専門性の欠如もあり、審査・勧告は表面的なものに終始しがちである。審査を行うのが国家であることから、当然のごとく、その過程は政治化を免れない。友好国に対する穏健な発言と非友好国に対する峻《しゅん》厳《げん》な勧告の違いは例外的なことではない。一般的な傾向として、同一の地域グループに所属している国の間では、相互に非難を避け、賞賛し合うところすら見て取れる。また、勧告が実施されずとも制裁などが科せられることもないため、審査は麗々しい言葉のやりとりにもなりがちである。

審査過程が過度に政治化され、あるいはレトリックに終始することを回避するため、ＮＧＯなど市民社会の働きが肝要になることはいうまでもない。ＮＧＯは、ＵＰＲの問題点を指摘するとともに、実効性を高めるために数々の提言も行ってきているが、ジュネーブにおける審査のみに焦点をあてるのではなく、各国内においてＵＰＲに向けた取り組みや勧告の実施体制をどう強化するかという点に関心を向けることがますます重要になっていくように思う。

二〇一二年三月にイスラエルは自国が人権理事会で不当に厳しく扱われていることを理由に、同理事会および人権高等弁務官事務所との作業関係を断つことを宣言した。翌年一月に予定されていた同国の第二回目審査の実施がこれにより困難な状況となった。ＵＰＲが依拠する普遍性の確保にとって最大の危機でもあったが、幸いなことに、同国が理事会に復帰したことから二〇一三年一〇月に改めて審査が行われることになり、事なきを得た。

極小国のなかには報告書の作成自体に難しさを抱えているところもあるように見受けられるものの、少なくとも今日までＵＰＲの制度がすべての国によって支持されてきたことは確かである。右述した諸問題を解消することは難事に相違ないものの、歴史的にも比類のない「普遍的」な制度であるだけに、国際社会の政治的実情も踏まえつつ、長期的な視点に立って、実効性を高めるための営みを漸進的に積み重ねていくべきである。

国連人権高等弁務官

国連では、難民の分野と並んで人権の分野にも高等弁務官が配置されている。人権高等弁務官のポストは、一九九三年の第二回世界人権会議ウィーン宣言の要請を受け、同年一二月に採択された国連総会決議 48/141 により設置された。

人権高等弁務官は大別すると二つの顔をあわせもっている。一つは「世界の良心」として国際社会における人権擁護の先頭に立つ顔（政治家・外交官・人権専門家としての側面）、もう一つは国連事務局人権担当部署の長としての顔（行政官・官僚・経営者としての側面）である。一九九四年に就任した初代のエクアドル出身アヤラ・ラッソ以来、これまでにこのポストには八人が就いている（うち一人は代行）。任期は四年で、国連事務総長による指名と総会の承認を経て任命される。ランクは事務次長級である。現在の人権高等弁務官はチリ出身のミシェル・バチェレで、二〇一八年九月一日からその任を担っている。

人権高等弁務官に連なる構想は一九四〇年代から見られたが、なかでもコスタリカとウルグアイはＮＧＯの支援も受けて一九五〇年から数次にわたり具体的な設置提案を行っていた。この提案は上記ウィーン会議に際してアムネスティ・インターナショナルなどにより蘇生され、冷戦終結後の多幸感にも後押しされて具現化するに至った。

人権高等弁務官を支援する組織として人権高等弁務官事務所も設置された。一九九七年に、長く国連の人権活動を担っていた人権センターを吸収して以降、この事務所は国連内での位置付けを強化され、「人権の主流化」を推進する制度的拠点になっていく。

人権高等弁務官は、事務総長の指揮および権能の下に国連の人権活動について主要な責任を負う。設置決議48/141の表題が明示するように「あらゆる人権」の促進および保護を担うことから、その任務はきわめて幅広く、かつ重い。実際の活動は、人権基準（宣言や条約）の定立支援とその監視、基準実施の支援、さらに人権の唱導などにまたがる。このうち人権の唱導は、人権侵害の被害者のために毅然と声をあげ、利害関係者に行動を呼びかけるものであり、「世界の良心」としての存在感を強く印象付けている。

ただし、人権高等弁務官の活動に強制力はない。被害者に救済を提供できる権限もない。与えられた権能の下に、権力に対して真実を語り、その「ソフト・パワー」によって人権保障の水準を引き上げることができるだけである。ソフト・パワーの効能はこのポストに就く個人の力量によるところが少なくないが、これまでのところ、アイルランドの大統領職を辞して就任したメアリー・ロビンソンや南アフリカ出身の法律家ナヴァネセム・ピレイなど、人権へのコミットメントを体現する、高い識見を湛えた逸材が人権高等弁務官の国際的地位を高めてきたことを確認できる。

人権高等弁務官の活動を支援する事務所の機能も相応に拡充してきている。国連人権理事会（特別手続を含む）や人権諸条約機関の事務局としてのサービスを提供することがその主たる任務の一つだが、あわせて現場での活動の幅が広がっていることも特筆される。二〇一八年現在では、ジュネーブ本部のほか世界各地に一〇の地域事務所があり、カントリーオフィスも一四か所におかれている（日本の近隣では韓国にある）。このほか二七か国に人権アドバイザーとしてフィールドプレゼンスを有し、国連平和維持活動の人権部門にも重要な支援を提供している。

ただし、その財政的基盤はきわめて脆弱《ぜいじゃく》である。現に二〇一八―一九年の、国連通常予算における人権高等弁務官事務所への配分率はわずか三・六%、額にして二億一六〇〇万米ドルであった。人権は平和・開発と並ぶ国連活動の三本柱の一つであるにもかかわらず、である。人権活動は必然的に特別予算に頼らざるを得ず、二〇一七年も一億四二八〇〇万米ドルの自発的拠出金を各国から得たのだが、しかし、前年度を大きく上回るこの金額にしても、必要とされた二億五二九〇万米ドルをはるかに下回る水準にとどまった。

国連人権活動そのものが拡大の一途をたどる一方で、その財源は人権高等弁務官事務所設置以来（さらにいえば、その以前から）、一貫して危機的に低位の水準で推移してきた。人権の擁護が、レトリックとして称揚されることこそあれ、けっして強固な政治的意思によって支えられているわけではないことを象徴的に伝える一断面といえる。

人権条約のメカニズム

人権の分野で主要条約に分類される九つの条約には、履行状況を監視する国際的な機関がそれぞれに設置されている。これらの条約機関（条約体ともいわれる）は、国連人権理事会とは異なり、独立した専門家によって構成され、その性格も非政治的なものである。

人権条約機関は、設置根拠が原則的に各条約にあるので、厳密にいえば国連の人権保障システムそのものではない。とはいえ、人権諸条約は国連で起草・採択され、しかも、条約機関の事務サービスを国連の事務局（人権高等弁務官事務所）に拠っていることから、実際には国連システムの一部をなすものとして扱われるのが一般的である。

主要人権条約の老舗は人種差別撤廃条約であり、一九六五年に国連総会で採択され、六九年に効力を生じた。その翌年に、初の人権条約機関として人種差別撤廃委員会が発足する。これ以降、九つの主要人権条約に一〇の条約機関が設置されて今日に至っている（拷問禁止条約は拷問禁止委員会により履行を監視されているが、この条約は拘禁施設への訪問について定める選択議定書も伴っている。その選択議定書に基づき拷問防止委員会が別途設置されていることから、条約機関数は合計で一〇になる）。

人権条約機関の構成は条約ごとに決定されている。構成人数という点で最も少数は拷問禁止委員会と強制失踪委員会の一〇人、反対に多数は女性差別撤廃委員会の二三人、拷問防止委員会の二五人である。他の条約機関は、移民労働者委員会の一四人を除くほか、一八人により構成されている。性別構成で特徴的なのは、女性差別撤廃委員会における女性比率の高さであり、二〇一八年一〇月現在で、ほぼ全員（二二人）が女性である。

委員の専門性という観点から特徴的なのは、とりわけ社会権規約委員会と子どもの権利委員会に多くの非法律家が含まれていることである。その「学際性」により、これらの委員会の活動内容は紛れもなく幅員を広げてきた（他方で、法律的視点が弱まることへの懸念を表明する向きもある）。障害者権利委員会の構成には当然ながら障害をもつ人への格別の配慮がある。なお、日本の専門家も、国際法学者を中心に二〇一九年末現在で、六つの委員会に席を占めている。

条約機関の活動は、定期報告審査、通報審査、一般的意見の作成に分かれる。定期報告審査とは、締約国が定期的（たとえば四年ごと）に行う条約実施状況の報告を審査する活動だが、報告審査という点で国連人権理事会の普遍的定期審査と重なり合うところもある。

　他方、通報審査の柱は個人通報手続であり、人権条約上の権利を侵害されたと主張する個人からの申立てを審査する条約機関の活動である。個人と国際機関を直接に結びつける国際人権法を象徴する手続といって過言でない。通報にはこのほか、国家が他の締約国を相手取って行う国家間通報手続もある。一般的意見は、条約機関が条約規定の解釈指針などを一般的に示すもので、人種差別・女性差別撤廃委員会では一般的勧告という言葉が用いられている。

　このほか、女性差別撤廃委員会、拷問禁止委員会、社会権規約委員会、子どもの権利委員会、強制失踪委員会、障害者権利委員会は、重大なまたは組織的・制度的な権利侵害の情報を受理したとき、現地訪問を含む調査を行うこともできる。

　こうした諸活動を通じて、人権諸条約の履行が国際的に促されている。

4　国連人権保障システムの至宝――特別報告者

日本への働きかけ

「中間報告」という異例の手続を経て、二〇一八年六月一五日早朝に参院本会議で可決された改正組織的犯罪処罰法が、七月一一日に施行の段を迎えた。

本法については、国際組織犯罪防止条約を締結するために必要な国内法整備であるという政府の説明などに対して、実務家や研究者から重大な疑義が呈されていた。その関連で広く報道されたのは、五月一八日付けで、プライバシーの権利に関する国連人権理事会特別報告者が本法と国際人権法との両立性にかかわる情報提供を安倍首相に公開の書簡で求め出たことである。

この情報要請に対して首相は「著しくバランスを欠き、客観的である専門家の振る舞いとは言いがたく、信義則にも反する」と、対抗的な言辞を用いて不快感を表明するに及んだ（五月二九日、参院本会議）。内閣官房長官も記者会見の席で、特別報告者の見解は「個人の立場」によるもので「国連の立場を反映したものではない」と述べ、内容的にも不適切であるとして抗議の意を表している（五月二二日）。

五月末から六月にかけて、国連人権理事会特別報告者に関する新たな報道がさらに二つ加わった。

その一つは、日本における表現の自由の現況を分析する調査報告書の公表であり、もう一つは、米軍基地の拡充に反対する沖縄平和運動センター議長山城博治氏の逮捕・長期拘束に対する緊急アピールにかかわるものであった。

前者の報告書は、表現の自由に関する特別報告者が、二〇一六年四月に日本で実施した現地調査を踏まえて刊行したものである。メディアの独立、「慰安婦」問題にかかる教科書の記述への介入、特定秘密保護法、ヘイトスピーチ、選挙運動の制限、デモの制限（特に、山城氏の逮捕・拘束）についての分析評価が記されるとともに、電波停止命令の根拠となる放送法四条を改正・廃止し、歴史教育への介入を政府が控えることなど、一七項目にわたる勧告が付されている。

国連人権理事会に提出されたこの報告書にも政府は強硬な態度で反応した。政府の反論によれば、特別報告者の指摘する事実のほとんどは伝聞か憶測に拠っており、こうした情報に基づいて勧告が出されることで国連人権理事会の権威はひどく損なわれてしまうのだという。政府の意に反した記載内容への苛立《いら》ちが表出しているようにも感じられる。

他方で後者の緊急アピールは、表現の自由に関する特別報告者と集会の自由に関する特別報告者、人権擁護者に関する特別報告者、さらに恣意的拘禁作業部会が連名で発出したものであり、山城氏の逮捕・拘束について懸念を伝え、関連情報の提供、事態の悪化を防ぐための暫定措置などを要請するものであった。この緊急アピールは二月二八日付けのものであったが、関係法令に基づき適切に対応した旨の回答が四月一〇日に政府からなされていたことも明らかにされている。

以下では、こうした一連の出来事を手掛かりに、特別報告者の任務、存在意義などについて考察してみることにする。

生成・発展

本章で扱う「特別報告者」とは、人権状況の監視、侵害の防止などの任務を国連によって与えられた専門家のことをいう。こうした任務をもつ者に与えられる名称には、このほか「独立専門家」や「事務総長特別代表」などがあり、また、複数（通例五名）の専門家が任を担う場合には「作業部会」と称されるのが一般的である。国連では、こうした専門家を総称して「特別手続任務／権限保持者」と呼ぶのだが、その中にあって特別報告者という名称は最も多く用いられてきているものである（「特別手続」とは、上述した人権状況の監視や侵害を防止する国連のシステムの別称）。

歴史を顧みるに、特別手続の端緒が開かれたのは一九六〇年代に入ってからであった。それまで国連は、国家主権を重視する西欧・社会主義諸国の主導により、人権を保護するための行動を起こすことに否定的な態度をとり続けていた。大きな転機となったのは新興独立国が多数国連に参入してきたことである。植民地主義・人種主義・アパルトヘイトに対して行動を起こすことを求めたアフリカ・アジア・カリブ海諸国の精力的な貢献により、国連人権委員会（現・人権理事会）は一九六七年、南アフリカに関するアドホック専門家作業部会を設置し、ここに今日に至る特別手続の礎が築かれることになった。

その後、一九六八年にはパレスチナ被占領地域の人権状況を扱う特別委員会が設置され、一九七五年には、ピノチェト政権下で重大な人権侵害が蔓延するチリの状況を監視するアドホック作業部会が立ち上げられた。同作業部会の任務は一九七九年に特別報告者に引き継がれたが、これが「特別報告者」という名で特定国の監視を担う初の例となった。同年には、赤道ギニアの人権状況を監視する特別報告者も別途、任命されている。

他方、一九七〇年代後半には、凄惨なクーデタによって誕生したアルゼンチン軍事独裁体制の下で大量の人間が忽然《こつぜん》と姿を消す「強制失踪」が広がっていた。この事態を受けて、国連は強制失踪という特定の形態の人権侵害を監視する作業部会を一九八〇年に設置した。特定の国を対象に監視活動を行っていたそれまでの実務に加えて、特定の人権課題（テーマ）に焦点を絞って任務を遂行する潮流が作り出されたのである。

これは偶有性の産物でもあった。国連人権委員会に提出された当初の決議案では強制失踪への懸念を表明するにあたってアルゼンチンが名指しされていたのだが、同国政府は自国が監視対象とされることを嫌い、強力な外交攻勢を展開するに及んだ。種々の政治力学が作用した結果、同国を名指しすることは回避されたものの、代わって生み出されたのが強制失踪作業部会であった。同作業部会は、強制失踪の懸念があるすべての国を活動対象とし、その後に花開くテーマ別手続の嚆矢《こうし》となるだけでなく、活動内容の先駆性により特別手続全体の活性化に顕著な貢献を果たしていくことになる。

一九八〇年代以降、国連人権委員会は国別あるいはテーマ別に特別報告者・作業部会を毎年のように任命していった。一九九八年までは国別のほうが多かったが、同年以降は、テーマ別（略式処刑、拷問、子どもの売買、恣意的拘禁、表現の自由、プライバシーなど）に任務を付与する例が増大した。また、同じテーマ別であっても、一九九三年以降は社会権（極貧、教育権、居住権、健康権など）に監視対象が拡充されるようにもなっている。

ちなみに一九九三年は第二回世界人権会議が開催された年であり、この会議の成果物であるウィーン宣言・行動計画は、一九六七年から始まっていた国連の人権監視活動を「特別手続」という一つのシステムとして統合していく重要な契機を提供するものともなった。

任務／権限の性格

国連人権高等弁務官事務所のホームページによると、二〇一九年末現在、特別手続の対象になっているのは四四のテーマと一二の国である。直近では、二〇一六年に性的指向などに基づく差別・暴力からの保護に関する独立専門家と発展の権利に関する特別報告者が任命され、二〇一七年にはハンセン病差別撤廃に関する特別報告者が任命されている。

二〇一九年末現在、特別手続任務保持者は合計八〇人で、内訳は男性が五六％、女性が四四％である。地理的偏りがないようにも配慮されているが、西欧出身者が全体の三一・二五％を占め、やや多めではある。ちなみにアジア太平洋出身者は一三・七五％で、日本からも横田洋三・元東大教授がミャンマーに関する特別報告者の任にあったことがある。

各国政府や地域グループ、国際機構、ＮＧＯその他の人権団体または個人により推薦された候補者の中から、専門性、経験、独立性、公正性、人格、客観性という六つの基準によって選考され、人権理事会（旧・人権委員会）の承認に基づいて任命される。政府の意思決定を担うポストにある者は独立性・公正性の観点から適性に問題がある。任期は最長で六年だが、テーマ別の任務を付与される者の任期は通例三年で、さらにもう三年延長されるのが慣例になっている。

特別報告者たちは「国連のための任務を遂行する専門家」として、日本も締結している国連特権免除条約第六条第二二項の適用を受ける。これにより、任務遂行にあたって逮捕・拘束、手荷物の押収を受けることはなく、任務遂行中に行った陳述・行動についてあらゆる訴訟手続を免除され、さらに、すべての書類・文書の不可侵が保障されている。一九八九年と一九九九年の二つの勧告的意見を通じて、国際司法裁判所もこの点を明瞭に確認している（*I.C.J. Reports, 1989, p.177 ; Id., 1999, p.62*）。

内閣官房長官が言及したように「個人」の資格で行動していることは間違いないが、その含意は、どの国の指示も受けない独立した専門家だということであり、個人＝私人ということではまったくない。特別報告者たちの活動には紛れもなく公的性格が備わっている。

活動内容

特別報告者たちが担う任務の内容はそれぞれの授権決議によるものの、大別すると、分析・助言・警告・擁護・動員・フォローアップという六つに集約できる。ほぼ共通して行われている活動は次のとおりである。

第一、現地訪問／調査。人権情報を直接に収集するのに、現地訪問は不可欠といってよい。現地訪問という手段はまた、あらゆる政府機関との対話の機会となり、被害者や市民社会との接触も可能にする。国別の任務保持者が監視対象国を訪問するのは当然だが、テーマ別の任務保持者も現地調査を欠かしていない。たとえば、表現の自由に関する特別報告者は、二〇一六年に日本以外にタジキスタンとトルコを訪れ、それぞれの報告書を二〇一八年六月に人権理事会に提出している。

現地訪問は受け入れ国の同意がなければ実現しないところ、二〇一九年末の時点で一二六の国連加盟国と一のオブザーバー国（パレスチナ）が「恒常的な招待 standing invitation」を出しており、どのテーマ別任務保持者からの訪問要請であっても、いつでも受け入れることを約束している。日本も民主党政権時代の二〇一一年三月に恒常的招待を発出している。

特別報告者たちは二〇一九年に五七の国・地域に八四の現地訪問を行った。訪問国の内訳は、アジア太平洋地域が三九%、アフリカ地域が二五%、西欧諸国が一四%などとなっている。国連加盟一九三か国の八八・六%にあたる一七一か国が二〇一九年末までに少なくとも一度は現地調査を受け入れている。残り二二か国の中で六か国（アンドラ、モナコ、パラオ、サンマリノなど）は訪問要請自体を受けておらず、また二か国（リビヤ、ルクセンブルグ）については治安問題や特別報告者側のスケジュールの都合で現地訪問に至っていない。訪問要請を今日まで受諾していないのは一三か国である。

なお、日本はこれまで以下のテーマに関する特別報告者たちの現地調査を受け入れている。女性に対する暴力（一九九五年）、人種主義（二〇〇五年）、人身取引（二〇〇九年）、移民の人権（二〇一〇年）、安全な飲料水・衛生問題（二〇一〇年）、健康への権利（二〇一二年）、対外債務（二〇一三年）、子どもの売買等（二〇一五年）、表現の自由（二〇一六年）、ハンセン病（二〇二〇年）。

二〇一七年八月には居住権特別報告者も日本訪問のはずであったが、これはまだ実現していない。加えて、恣意的拘禁作業部会、少数者問題特別報告者、人種主義特別報告者、真実・正義・被害回復等特別報告者らからも現地訪問の要請・催告がなされている（このほか、北朝鮮担当の特別報告者も複数回日本を訪れている）。

第二の活動は、「通報 communication」と呼ばれるものである。強制失踪作業部会がこの活動の先《せん》鞭《べん》をつけた。特別報告者たちは、人権侵害を訴える信頼できる情報が寄せられた場合に、外交経路を通じて関係国政府と連絡をとることができる。個別の事案だけでなく、現行法や作成中の法案の内容が通報の対象になることもある。プライバシーに関する特別報告者が安倍首相に宛てた公開書簡はこの活動の一環として行われている。

通報は三つの形式をとる。一つ目は「緊急アピール urgent appeal」であり、山城氏の逮捕・拘束について四つの任務保持者たちが連名で行ったものがそうである。差し迫った人権侵害または現在進行中の重大な人権侵害などを訴える情報を受けたときに採用される形式である。二つ目は「侵害申立て書簡 letter of allegation」と呼ばれるもので、すでに発生したと主張される人権侵害に関する情報を通報するときに主として用いられる。そして三つ目が「その他の書簡 other letter」である。

こうした通報を通して、特別報告者たちは関係政府に説明を求め、事態の改善を図り、侵害の防止・終止を促している。この手続は法違反の有無を判ずるものではない。その主要な目的は、関係政府などの注意を喚起することにより被害者の保護・人権状況の改善を促すところにある。

二〇一九年の実績で見ると、特別手続の下で合計六六九件（うち五二九件が連名）の通報が一五一か国と五四の非国家主体に宛てて送付されている。その中で一八三件が法律・法案にかかわる通報であった。全体の二〇％が緊急アピール、五一％が侵害申立て書簡、二九％がその他の書簡の形式をとっている。人権侵害の被害を受けたとして通報で取り上げられた者は一二四九人に及ぶ。

特別報告者たちからの通報に対して寄せられた回答は、八三か国および他の主体から三三六件であった。回答の内容は、単に通報を受領した旨を記すものから詳細な説明（反論）を記載するものまで様々である。時間軸を伸長した統計によると、二〇〇六年に国連人権理事会が発足して以来二〇一五年一月末までの間に通報は一万四三四六件送付されているが、その間になされた政府回答は七五八二件（五二・八二％）であった。

また、一万四三四六件中一万四〇六五件はテーマ別特別報告者たちからの通報で、これに対する政府回答が七四八四件（五三・二一％）だったのに対し、国別特別報告者たちから送付された二八一件の通報への回答は九八件（三四・八七％）にとどまる。テーマ別の中では、人権擁護者、表現の自由、拷問、恣意的拘禁、略式処刑を担う任務保持者の通報数がトップ五を構成している。世界の人権現況の一端をそこに垣間《かいま》見るようである。

前述したように、一九六七年に始まった国連人権委員会（現・人権理事会）の特別手続にあって、人権侵害を訴える情報を関係国政府に送付する「通報」という活動が根付くきっかけを提供したのは、一九八〇年に設置された強制失踪作業部会であった。

強制失踪問題を検討するため、信頼できる筋からの情報を求め・受け、さらにその情報について効果的に対応するよう求められた同作業部会の下に、初年度だけで一五か国における一万一〇〇〇件から一万三〇〇〇件もの情報が寄せられた。一九八二年に任命された恣意的処刑に関する特別報告者も、さらにその三年後に誕生した拷問に関する特別報告者も、それぞれの任務にかかわる情報を同様に処理する権限を与えられ、多くの情報が世界各地から寄せられることになった。

任務保持者たちは、被害を申し立てる者からの情報を関係国政府に送付し、事態の解明や説明を求めていった。授権決議はどれも、任務保持者の情報要請に各国政府がきちんと応えるよう国連事務総長から特別に働きかけることも定めていた。これにより、任務保持者と関係国政府との間で双方向的な対話を行う回路が築かれることになった。さらに一九九〇年代には、子どもの売買などに関する特別報告者らが、関係国政府の見解・コメントを求めることを明文で招請されるようにもなる。

一九九〇年代から二〇〇〇年代になると、表現の自由・人種主義・女性に対する暴力・司法の独立・移民・人権擁護者などに関する特別報告者が、人権侵害を訴える情報を収集し、求め、受け及び検討し、さらにそれらの情報に効果的に対応するよう要請されていく。教育・食糧・居住・健康など社会権に関する任務保持者についても同様の権限が授権決議で付与された。

他方で、それら授権決議において各国政府は、特別報告者たちの活動に全面的に協力し、緊急アピールに迅速に対応するよう求められるのが常となった。強制失踪作業部会に始まる「通報」は、こうして今では、特別手続任務保持者たちの担う重要な活動の一つとしてすっかり定着するにいたっている。

特別手続の下で行われている活動の第三は、「特定課題研究」である。特別報告者たちは、自らに与えられた任務にかかわる事象を深く分析し、その成果を研究報告として公刊してきている。近年の研究報告で取り扱われた課題には次のようなものがある。芸術的表現と創造性の自由への権利（文化的権利特別報告者）、裁判適合性と教育権（教育権特別報告者）、無償のケア労働と女性の人権（極貧と人権特別報告者）、排水処理（水・衛生特別報告者）、自律型致死性兵器と生命の保護（恣意的処刑特別報告者）。

このほか、食糧価格の高騰によって引き起こされた世界的な食糧危機の問題を審議する人権理事会特別会期の招集（二〇〇八年）も食糧権特別報告者の要請によって可能になった。このように特定の側面に焦点を絞った精確な研究成果を発表したり、国際社会での議論を喚起することにより、特別報告者たちは国際人権規範の発展・拡充に貴重な貢献を果たしてきている。

以上の三つの主要な活動（現地調査・通報・特定課題研究）に加えて、特別報告者たちは世界各地で開催されるセミナーやシンポジウムにもひんぱんに出席し、国連のホームページなどを用いて自らの任務・活動を広く周知・普及することにも力を注いでいる。

人権の擁護に向けたこうした精力的な活動の積み重ねを通じ、特別報告者たちの担う特別手続は、国連事務総長（当時）コフィ・アナン氏が用いた表現を借りるなら、「国連人権保障システムの至宝（crown jewel）」と評されるまでになっている。特別手続なくして人権理事会は機能せず、人権理事会なくして国連の人権保障システムは立ちいかない。特別報告者たちは、このゆえに、人権の促進・保護を掲げる国連にとって不可欠の存在になっているといって過言でない。

特別手続への挑戦

特別手続の拡充は、しかし他面において、このシステムのあり方への警戒心を増幅させる契機ともなっている。特別報告者の扱う人権テーマが膨らみ、その活動が各国の人権状況に奥深く切り込んでくる中にあって、システムとしての一貫性や効率を保ちつつ、いかに各国政府・ステークホルダーの信頼を確保し得るのかが重大な課題となって立ち現れてきた。この間の経緯をかいつまんで振り返ると次のとおりである。

人権理事会の前身であった人権委員会に発展途上国が多く参入してくるに伴い、一九九〇年代を迎える頃には西欧諸国と七七か国グループ（G77）との間で深刻な対立が顕在化する局面がふえていた。G77は監視・非難を厳しく行う特別手続を実質的に廃止し、これを対話・協力を旨とする、外交官から成る作業部会に置き換えることを構想していた。

この構想は西欧諸国グループなどからの強い抵抗にあい断念を強いられたのだが、しかし一九八九年の天安門事件を機に中国の人権状況が非難される事態に警戒心を強めていたアジア諸国グループが同様の構想を提唱するに至る。こうして人権委員会は一九九八年に特別手続のあり方を見直す作業に入っていく。だが、一七か月に及んだその作業は、結局、構造調整と対外債務に関する二つの任務保持者を一つに統合することと、テーマ別任務保持者の任期を二期六年までとする以外に特記すべきものを生み出せずに終わった。特別手続の維持／廃止、強化／弱体化をめぐり各国間で激しく交錯する政治力学がもたらした帰結であった。

二一世紀に入ると、特別手続のみならず人権委員会そのものを廃止するという大がかりな「改革」への機運がにわかに高まった。これが二〇〇五年に人権委員会の廃止と人権理事会の新設に逢着《ほうちゃく》するのだが、特別手続についても当然に検討が加えられることになった。アジア諸国グループはここでも議論を主導し、特別報告者のもつ自由裁量の大幅な削減と、政府との密接な調整の必要、さらに活動の規格化などを求める行動綱領の制定を提案した。

この提案をさらに推し進める案を提示したのがイスラム諸国機構であった。その中心となったアルジェリアの修正案は際立っており、現地調査に際して政府との緊密な協力・調整を要求するとともに、侵害申立て書簡や緊急アピールの発出条件を厳格化し、さらに特別報告者の活動を監視する倫理委員会の設置にも言及するものであった。

特別手続の存在意義を根底から揺るがすこの修正案は、人権ＮＧＯはもとより特別報告者たち自身やアジア・アフリカ以外の諸国からも懸念を呼び、その結果、問題含みの修正案の多くが削除され、最終案が二〇〇七年六月に国連人権理事会決議 5/2 の附属書として採択されることとなった。

こうして誕生した行動綱領は、当然に確認されてしかるべき基本的な事項を規定する一方で、任務保持者に課せられた責任をことさらに強調しているところに顕著な特徴がある。そのなかには、情報源の客観性・信頼性を確保すること、政府と対話し、政府の見解を十分に考慮すること、利害関係者との建設的対話を促進するよう行動すること、などが含まれていた。このため西欧諸国やNGO、特別報告者たちは、活動に不要な制限が課せられるおそれがあるとして最後まで行動綱領の作成には疑念を隠さなかった。

そして憂慮していたとおりというべきか、特別報告者の行動を牽制するために行動綱領が現に利用される事態が起きることになる。たとえば二〇〇九年には、行動綱領違反を根拠に、恣意的処刑に関する特別報告者の任期更新を拒否する声明をアフリカ諸国グループが発するに及んだ。ケニアにおける警察殺人部隊と軍による超法規的殺害を調査し、司法長官の辞任を勧告した同特別報告者の報告書がNGOの手によるものであり、ケニア政府に事前に示されることなく公表された旨がその直接の事情として持ち出された。

その主張の多くは事実誤認というべきものでもあったが、人権理事会では、アフリカ諸国の声明をフォローアップする形でキューバが決議案を上程するに及んだ。採択された決議では、恣意的処刑に関する特別報告者が名指しされることこそなかったものの、特別手続任務保持者による「行動綱領の完全な遵守」が強く念押しされることになった。

その後も、対テロリズムと人権に関する特別報告者がテロ対策をジェンダー、性的指向・性自認の観点から分析する特定課題研究を作成したところ、任務を逸脱し行動綱領違反にあたるとして、同研究報告書に「留意する」ことすら拒否する例が国連総会で生じている。

ＥＵ諸国や国連事務局、ＮＧＯは一貫して特別手続の存在価値とその独立性・行動の自由を確保する重要性を説いてきているが、このように、特別手続のもつ権威や力を弱めようとする試みが公然と続けられてきている現実がある。このゆえもあり、日本のような国が特別報告者とどのように向き合うのかがいっそうの重みをもつことになる。自国に向けられた通報や調査報告書を「著しくバランスを欠いている」、「内容的に不適切」、「伝聞に基づき遺憾」などといって切り捨ててしまうのでは、行動綱領を持ち出して特別報告者に攻撃を加える諸国と本質的に変わらぬ認識なのかと疑われてしまう。特別手続の存在意義を精確に踏まえた理性的対応が求められるゆえんである。

恣意的拘禁作業部会の「調査」

ところで、前述したように、二〇一八年二月二八日付けで山城博治氏にかかる緊急アピールが出されていたのだが、これは、表現の自由に関する特別報告者、集会の自由に関する特別報告者、人権擁護者に関する特別報告者、さらに恣意的拘禁作業部会（ＷＧＡＤ）が連名で発出したものであった。山城氏の逮捕・長期拘束について懸念を伝え、関連情報の提供、事態の悪化を防ぐための暫定措置などを要請する内容であった。これに対する政府の回答が四月一〇日になされていたこともすでに指摘したとおりである。

緊急アピールが「通報」に分類される活動の一つであることは先述のとおりだが、当該のアピールを発出した任務保持者のなかにWGADが含まれていることを見過ごしてはならない。五名の専門家がチームを組んで任務を遂行するWGADには、他の任務保持者にはない特別の権限が与えられている。「調査 Investigation」にかかる権限である。「調査」は、「通報」とは違い、個別事案ごとに国際人権基準に反したかどうかを当事者対抗的な手続によって検討し、その判断結果を「意見 Opinion」として示すところに特徴をもつ。

この手続について広く報道された近年の例として、スウェーデン（とその後の米国）への引き渡しを恐れて二〇一二年八月以来駐英エクアドル大使館にとどまっていたジュリアン・アサンジ氏の処遇を、英国とスウェーデンによる恣意的拘禁にあたると判じたものがある。二〇一五年一二月四日付けで示されたWGADの「意見」は、翌年二月に国連によって公表され、英国・スウェーデン両政府から強い反発を呼ぶものとなった。

一九九一年に設置されたWGADは、国際人権基準に反する恣意的拘禁を次の五つの類型に分けて整序している。カテゴリーⅠ、いかなる法的根拠もない自由の剝奪（令状・起訴なき拘束など）。同Ⅱ、人権を行使したことによる自由の剝奪（平和的集会や表現の自由を行使した者の拘束など）。同Ⅲ、公正な裁判を受ける権利の侵害から生じた自由の剝奪（懲罰的な行政拘禁や不必要な身柄の拘束など）。同Ⅳ、庇護《ひご》申請者・移民・難民の長期にわたる行政拘禁。同Ⅴ、国際的な非差別基準を侵害した自由の剥奪（性的指向を理由とした拘束など）。

重大な健康問題も抱えるなかで軽微な犯罪容疑で五か月間身柄拘束された山城氏の事案について、上記緊急アピールはこう記していた。「貴国政府にお伝えいたしますが、この緊急アピールを送付した後、恣意的拘禁作業部会は本件を通常の〔調査〕手続に付し、自由の剥奪が恣意的であったかどうかについての意見を示すことができます。この緊急アピールは当作業部会が示すことのある意見についていかなる意味でも予断を与えるものではありません。貴国政府は緊急行動と通常手続について別個に応答するよう要請されております」。

緊急アピールとは別に、山城氏の逮捕・拘束が国際人権法に照らし適法だったかについて別途、調査手続の下で判断を示すことになるかもしれないので、その折にはきちんと応答せよ、という事前の通告である。山城氏は緊急アピール発出後に身柄を解放されたので、同氏の身柄拘束が恣意的だったかどうかを判ずる「意見」をＷＧＡＤが示すのかについては判然としないところがあった。しかし、ＷＧＡＤは二〇一八年にきわめて峻厳な「意見」を示すに及ぶ。疑わしき根拠により長期拘禁を強いられた「平和運動家」たる山城氏の処遇を、カテゴリーⅡ（表現・平和的集会の自由の違反）とカテゴリーⅤ（人権擁護者に対する差別）に該当する恣意的拘禁と明言したのである。

ちなみに、日本はこれまでもＷＧＡＤの調査と無縁だったわけではなく、二〇〇九年にはカテゴリーⅡに該当する恣意的拘禁の認定を受けたこともある。これは、捕鯨事業における不正を明るみにしようとしたグリーンピース日本の二人の活動家が鯨肉約五〇ポンドの窃盗などの容疑で逮捕されたことの適法性が争われた事案であった。ＷＧＡＤは両名の思想・良心、表現の自由の侵害を認め、公正な裁判手続の保障を日本政府に要請する「意見」を示すに及んだ（OPINION No.9/2009）。また二〇〇六年には宮城北陵クリニック事件被告人の処遇について訴えが起こされたこともあるが、本件は恣意的拘禁にはあたらないとの判断に帰着している（OPINION No.42/2006）。

山城氏の事案について判断が示された二〇一八年には、窃盗未遂により措置入院を強いられた者の事案と、宿泊先のベッドを汚したとして措置入院を強いられた者の事案についても、日本に対し恣意的拘禁（いずれもカテゴリーⅠとⅤに該当）との判断が示されている（Opinions 8 & 70/2018）、今後とも日本は、ＷＧＡＤを含め様々な任務保持者からの働きかけを受けていくことは間違いない。国連人権理事会の一員にふさわしい責任ある態度で、「国連人権保障システムの至宝」とどう向き合うべきかについてしっかりと思惟《しい》を巡らせていってもらいたいものである。

5　国内裁判を通じた国際法の実現

ヘイトスピーチ・デモの規制

二〇一六年六月、「本邦外出身者に対する不当な差別的言動の解消に向けた取組の推進に関する法律」（ヘイトスピーチ解消法）が公布・施行された。同法は、保護の対象を本邦外出身者に絞り込むだけでなく、適法居住要件を付加し、さらには、本邦外出身者に対する不当な差別的言動を違法とも明言せず、罰則も伴っていないことから、その実効性に重大な疑念を抱えての成立であった。とはいえ、特定の属性を有する人々への攻撃的表現に抑制を求める点において、同法が日本の法制上、画期をなすものであることには相違ない。

同法成立前の二〇一六年三月、法務省人権擁護局はヘイトスピーチに関する委託調査結果を発表していた。その中では、二〇一二年四月から一五年九月までの間にヘイトスピーチを伴うデモなどが全国で一一五二件発生したことが明らかにされている。ヘイトスピーチの存在を認めることに消極的であった日本政府の姿勢に照らしてみるに、同法成立に至る事態の推移には瞠目《どうもく》すべきものがあった。

強度の人種差別的言動・行為については、京都朝鮮学園事件京都地裁判決（二〇一三年一〇月七日）を始めとして、毅然《きぜん》たる司法判断が断続的に示されるようになっているのだが、ヘイトスピーチ解消法施行前日にも、横浜地裁川崎支部において重要な仮処分命令が下されていた。川崎市の在日集住地域を狙った連続的なヘイトデモを阻止するためになされた申立てに対する決定である。

同決定は、憲法一三条に由来する「平穏に生活し／事業を行う権利」としての人格権を中核に据えて、ヘイトスピーチ解消法に該当する差別的言動により本邦外出身者の人格権が侵害され、著しい損害が生じる現実的な危険性があり事後的な権利回復も困難なことを認め、債権者の事務所から半径五〇〇メートル以内でのヘイトデモ・徘徊《はいかい》を禁じるものであった。

表現の自由などとの抵触について同決定は、被侵害権利の種類・性質と侵害行為の態様・侵害の程度との相関関係において違法性の程度を検討するとしたうえで、人格権が憲法・法律によって保護される強固な権利である一方、侵害行為たる差別的言動の違法性は顕著であり、憲法の保障の範囲外であることは明らかであって私法上の権利の濫用といえる、と判じている。刑事事件が先行していたわけではないことや徘徊まで禁じたところも注目される。ヘイトスピーチ解消法の効果が感得できた一件といってよい。

こうした司法判断を支える法的根拠として重みを増しているのが人権条約である。右横浜地裁川崎支部決定も、憲法一四条とならび、人種差別撤廃条約が人種などによる差別を禁止していることに言及したうえで「専ら本邦の域外にある国又は地域の出身であることを理由として差別され、本邦の地域社会から排除されることのない権利」の保護が極めて重要であると明言するに及んでいる。

裁判所と人権条約

人権条約は、権利実現のために果たす裁判所の役割を別して定めている。右決定が言及する人種差別撤廃条約も第六条で次のようにいう。「締約国は、自国の管轄の下にあるすべての者に対し、権限のある自国の裁判所…を通じて、この条約に反して人権及び基本的自由を侵害するあらゆる人種差別の行為に対する効果的な保護及び救済措置を確保し、並びにその差別の結果として被ったあらゆる損害に対し、公正かつ適正な賠償又は救済を当該裁判所に求める権利を確保する」。

このほか女性差別撤廃条約も「権限のある自国の裁判所…を通じて差別となるいかなる行為からも女性を効果的に保護することを確保する」よう締約国に求めているし（二条(c)）、子どもの権利条約も、子どもに関する措置をとるにあたって、裁判所で「子どもの最善の利益が主として考慮されるものとする」と規定している（三条一項）。

カナダの裁判例を研究していた際に遭遇したケベック控訴裁判所の次の判示は、この要請を敷衍《ふえん》したものとしてことのほか印象深い。「子どもの権利条約三条は、立法機関のみならず裁判所の決定にも向けられていることをまず指摘することが重要である。〔少年法の〕適用と解釈について最終的な責任を有する裁判官は、同条を適用する最前線にいるのである」(228 DLR (4th) 63 (Que CA), para.132)。

一七〇九年にイングランド高等法院首席裁判官ジョン・ホルトは、「救済なくして権利なし」という有名な法諺《ほうげん》を具現化して、次のように述べていた。「原告は、権利をもつのであれば、それを実現し維持する手段を当然にもたなくてはならないし、その権利を行使しまたは享有したため被害を受けた場合には救済手段を当然にもたなくてはならない。実際に、救済なき権利を想像することは空疎なことである。権利の欠乏と救済の欠乏とは相互的な関係にある」(92 ER 126, p.136 (Eng QB))。

この判示は、右記諸条約をはじめ人権条約一般の要請として投影されているほか、国内法や判例を通じて、各国裁判所に最もよく知られた原理になっているといって過言でない。裁判を通じて人権条約上(あるいは慣習法上)の人権の実現を図る国際人権訴訟の基層をなしているのは、この「救済なくして権利なし」という認識にほかならない。それとともに、裁判所は国の機関であり、したがってその判決や決定が人権条約に反する場合には、国際法上、当該国の国家責任を生じさせることにもなる。だからこそ各国裁判所は、人権条約との適合性を十分に意識した判断を求められているのでもある。

国際人権法を利用して国内裁判所で権利の実現を図る訴えの世界的先鞭をつけたのは、米国第二巡回区控訴裁判所におけるフィラルチガ事件判決(一九八〇年)である。パラグアイで一七歳の息子を拷問により殺害されたパラグアイ人フィラルチガが実行犯とされるパラグアイ人警察官を一七八九年外国人不法行為法(国際法に違反してなされた不法行為について外国人が米国の連邦裁判所に民事訴訟を提起することを認める米国法で、ATCAと略称される)に依拠して起こした訴えである。同裁判所はフィラルチガの請求を認容し、拷問を慣習国際法違反の不法行為と認定のうえ、同人への損害賠償を命じた（630 F2d 876）。

その後、ＡＴＣＡの解釈には重大な制約がかかることになるものの、この判決を機に多くの国で国際人権訴訟が提起されていくことになった。本シリーズ二巻五一ページの「国家管轄権の魔法陣」で論及した英国貴族院（最高裁）における一九九九年のピノチェト事件判決も、国内裁判と国際人権条約の結びつきを強く印象付けるものであった。

一元論と二元論

国内裁判所はその国の国内法を裁判規準として判断を示す司法機関である。そのような場で条約や慣習法の形をとった国際人権規範が援用されたり解釈・適用されることに違和感を抱く向きもあるかもしれないが、これは特段不可思議な事象ではない。

講学上、国内法と国際法の関係については大別すると二つの見方がある。一つは、国際法と国内法が一つの法秩序を構成しているという見方（一元論）。もう一つは、国際法と国内法が別個の法秩序を構成しているという見方（二元論）である。一元論はさらに、国際法を優位させるものと国内法を優位させるものとに分かれる。なお、二元論にあって、国内法と国際法は異なる法秩序なので抵触することは理論的にはないはずだが、この点を修正し、両秩序上の義務の抵触可能性を認め、その調整の仕方に着目した調整（等位）理論が近年、有力に説かれてもいる。

各国の実情を見ると、それぞれの憲法体制の下に、二元論をとっている国もあれば、一元論を採用している国もある。ただ、いずれにせよ国が国際法の誠実な履行を求められていることには変わりない。

日本のように一元論を採用している国では、人権条約は締結（と公布）により、法律を別に制定することなく、そのまま国内法としての効力をもち、裁判でも直接に判断の規準として用いられることがあり得る。ちなみに国際協調主義に立つ日本国憲法は、国内法化した国際法に法律に優位する高い効力順位を与えている。刑法、民法を始めとする法律は国際法に抵触してはならず、抵触すると、その限りで当該規定は無効になる。したがって、法律（命令・条例なども）は国際法に適合するように解釈・適用されなければならないものとされる。

他方、二元論を採用している国（英国やカナダ、オーストラリアなど）では、人権条約の実現は、個々の立法を通じて行われる。たとえば人種差別撤廃条約を締結すると、この条約を実現するために国内法を別途制定し、その国内法を遵守することによって人種差別撤廃条約上の義務の履行が図られるわけである。

二元論を採用している国では直接の裁判規準になるのが国内法なので、裁判所も人権条約そのものへの関心は希薄なのではないか、と思う向きもあるかもしれない。だが実際はそうではなく、むしろ人権条約は頻繁に援用されてきている。カナダなどの裁判所は、国際法に違反する国内法を議会は制定しない、という推定の下に、国内法を人権条約に適合するよう解釈することを求められているからである。

この推定は多くの裁判例を通じて確立した解釈原理といってよい。二元論を採用する国の裁判所が解釈するのは第一義的には国内法であることには違いないが、精確にいえば、裁判所は国際法上の解釈規則に従って内容を確定した人権条約に適合するように国内法を解釈しなければならない。このため人権条約への関心も相応に高くなる。

ところで、一元論を採用している国では国際法がそのまま国内法化され、裁判規準としても用いられるとなれば、各種の訴訟で積極的に解釈・適用されていてもおかしくない。しかし日本がそうであるように、現実は必ずしもそうではなく、むしろ国内的効力を有する国際法に無関心を装う司法判断が少なからず下されている実態を見て取れる。

各国の裁判実務は、総じて、人権条約の司法的実現にあたって一元論・二元論の区分けには本質的な違いがないことを伝えている。重要なことは、国際法をどのように国内法秩序に受容するかという体制のあり方なのではなく、結局のところ、裁判所（裁判官）が人権条約の実現にどのような姿勢で臨んでいるかということに帰着するのではないかと考えられる。

日本の裁判実務

日本は、憲法九八条二項に基づき、一般的・包括的に国際法を国内法に受容する体制をとっている。前述したとおり、日本を拘束する人権条約はそのまま日本の国内法になり、しかも法律よりも効力順位が上に位置付けられる。そのため、人権条約を直接の裁判規準として司法判断が下される場合もあるし、法律（場合によっては憲法）の解釈指針として人権条約が用いられることもある。前者を国際法の直接適用、後者を国際法の間接適用と呼ぶこともあるが、いずれのやり方をとるにせよ、大切なのは人権条約が司法判断を通じて確実に実現されることである。

日本の裁判実務を見ると、以下のような訴訟類型の下に国際法が用いられていることが分かる。

第一は、行政事件訴訟である。処分などの取消しや義務付けを求める直接・間接の根拠として人権条約が用いられる。たとえば、退去強制処分取消訴訟では子どもの最善の利益や拷問禁止を求める規範が、難民不認定処分取消訴訟では難民条約が、それぞれ請求を認容すべき根拠として援用されている。二風谷《にぶたに》ダム事件判決（札幌地裁判決一九九七・三・二七）では、土地収用法に基づくアイヌの聖地の収用が違法と判断された際に、少数者の権利保障を定める自由権規約二七条が決定的な役割を演じた。

第二は、国家賠償請求訴訟である。受刑者接見拒否訴訟（高松高判一九九七・一一・二六）では公正な裁判を受ける権利が、指紋押捺拒否京都訴訟（大阪高判一九九四・一〇・二八）では国籍による差別と品位を傷つける取扱いの禁止が、それぞれ請求の根拠として用いられている。このほか、人種差別禁止条例不制定損害賠償請求事件（大阪地判二〇〇七・一二・一八）では人種差別撤廃条約が国家賠償請求を支える根拠とされた。

第三は、私人間の不法行為訴訟である。人種差別撤廃条約を日本が批准した一九九六年以降、不法行為の根拠として条約違反を用いる訴えが増えている。たとえば、浜松宝石店入店拒否訴訟（静岡地裁浜松支部判一九九九・一〇・一二）、小樽入浴拒否訴訟（札幌地判二〇〇二・一一・一一）、大東市眼鏡店入店拒否訴訟（大阪地判二〇〇六・一〇・一八）、在特会街頭宣伝差止め等請求訴訟（京都地判二〇一三・一〇・七、大阪高判二〇一四・七・八）といった例がそうである。冒頭で紹介した横浜地裁川崎支部の決定もこのなかに含まれる。

第四に、刑事事件でも人権条約が公訴棄却などを求める根拠として用いられることがある。自由権規約の表現の自由規定を前面に出してその旨の主張がなされた国家公務員法違反被告事件（堀越事件。東京地判二〇〇六・六・二九、東京高判二〇一〇・三・二九）がその典型である。

こう整理すると、多くの事例で人権条約が決定的な役割を果たしているかのような感にとらわれるかもしれないが、これらの訴訟すべてにおいて人権条約に基づく請求が認容されたわけではない。

さらにいえば、日本の裁判実務全般にあって、人権条約を積極的に解釈・適用する姿勢は残念ながら希薄というのが実相に近い。その理由として、法曹養成過程で十分な国際人権法教育がないこと、最高裁が人権条約に冷淡であること（条約違反は、上告理由ではない）などが指摘されている。第六回定期報告審査後の総括所見（二〇一四・八・二〇）において、自由権委員会も次のように言明している。

「委員会は、〔日本〕によって批准された条約が国内法の効力を有することに留意する一方、規約の下で保護される権利が裁判所によって適用された事例の件数が限られていることを懸念する。委員会は…〔日本〕に対し、規約の適用及び解釈が下級審を含めあらゆるレベルで弁護士、裁判官及び検察官に対する専門職業的研修の一部となることを確保するよう求める」。

裁判を通じた人権条約の実現は、いまだ遠い道のりにあるといわなくてはならない。

6　希望の砦——個人通報手続

権利を実現する仕組みが備わっていないと、その権利は絵に描いた餅になってしまう。条約や宣言などを通じて様々な権利があると宣明したところで、それを侵害された者が救済を得られないのであれば、権利の存在そのものが画餅に帰してしまうことは前章で論じたとおりである。

国際文書の定める諸権利を実現する第一義的な仕組みは各国の国内に用意されている。なかでも裁判の重要性は格別だが、しかし、裁判に代表される国内の仕組みだけで国際人権の実現が確保されるという保障はない。高度の民主主義を採用している国であってもそうであり、権威・独裁主義的な国にあってはなおのことそうであろう。人権が国際法上保障されているというためには、最終的には、個人が直接に国際的な場に救済を申し立て、権利の回復を図る仕組みが必要である。

国際司法裁判所の裁判官を務めるカンサード・トリンダージは、この点を強調して次のようにいう。「〔権利回復のための〕個人申立権は、国内で正義を得られなかった者の最後の希望の砦《とりで》である。メタファーを用いれば、個人申立権は紛れもなく人権の宇宙で最も輝ける星であると言い添えることを私は控えないし、躊躇《ちゅうちょ》もしない」（Cançado Trindade, *The Access of Individuals to International Justice* (2011), p.13）。

本書では、人権を保障するために設けられた「希望の砦」の実態を、自由権規約（市民的及び政治的権利に関する国際規約）の個人通報手続に焦点をあてて考察する。

三つの手続とメルボルン事件

本題に入る前に前提として確認しておくと、国連システムにおける個人申立ての手続は現時点では大要三つに分けられる。

第一は、人権理事会によって二〇〇七年に設置された申立手続である（本書3章参照）。「世界のどこであれ、またいかなる状況の下であれ、すべての人権及び基本的自由の重大かつ信頼できる程度に立証された侵害の一貫した形態に対処するために設けられ」たものである。関係国の協力を得やすくするとの理由から非公開とされ、「公平、客観的、効果的で、被害者指向であり時宜を得た形で行われることを確保する」よう制度設計されている。

第二は、人権理事会・特別手続の下にある通報手続だが、これについては4章で詳述したとおりである。

第三は、主要人権条約に備わった個人通報（individual communication）手続である。選択議定書という別個の条約によるにせよ、条約中の規定に基づく受諾宣言によるにせよ、現在では主要九条約すべてに具備されており（ただし、移民労働者保護条約の個人通報手続は未発効）、受理された通報について条約違反にかかる判断が示される。今回論ずる自由権規約の個人通報手続はここに入る。

一九七七年に自由権規約委員会がこの手続をスタートさせて以来、二〇一六年末までに諸条約機関に登録された通報数は合計三九六〇件であった。そのうち同規約委員会が二九三二件（全体の七四％）と最多で、次いで拷問禁止委員会への通報が七九七件（二〇％）と続く。この手続は個人通報を検討する条約機関の権限を受諾した国との関係でのみ利用可能なため、日本のようにいずれの通報手続も受け入れていない国には適用されない。

とはいえ、人権条約の個人通報手続に日本人がこれまでまったく無縁だったわけではない。一九九二年にヘロイン所持の容疑によりメルボルン空港で日本人観光客五人が逮捕され、当地の裁判所で懲役一五—二〇年を宣告される事件があった。図らずして当事者となったその五人が、オーストラリアを相手取り一九九八年に自由権規約委員会に個人通報を提出している。

メルボルンへの途次立ち寄った地ですり替えられたバッグにヘロインが仕込まれていたことから空港で身柄を拘束され、有罪宣告を受けた五人は、取調べと公判の過程で適切な通訳が提供されず公正な裁判を受けられなかったなどとして救済を求めたのだが、同規約委員会は通報を受理するための要件が満たされていないとして二〇〇六年にこの訴えを却下した（五人は、二〇〇二年と二〇〇六年に一〇年以上の時を経て仮釈放という形で帰国を果たしている。日本の弁護士が代理人となったこの事件については、メルボルン事件弁護団『メルボルン事件　個人通報の記録』（現代人文社、二〇一二年）参照）。

当事者にとってはやりきれぬ結末ではあったろうが、ともかくも国際的な訴えを起こせたのは、オーストラリアが個人通報手続について定める自由権規約選択議定書の当事国だったからである。同国のように選択議定書を締結している国は、二〇一九年三月六日の時点で一一六にのぼる。日本の近隣でも、韓国やフィリピン、モンゴル、ネパールといった諸国がその中に含まれている。

受理要件

条約（たとえば自由権規約）において認められた権利を侵害されたと主張する個人が条約機関（自由権規約委員会）に対して直接に訴えを起こし、その救済をはかる個人通報手続は、定期報告審査などとは違って準司法的な性格のものである。個別の事案について、通報者と、訴えられた国双方の主張・立証活動を経て条約機関が判断を下す。

通報といういかにも穏便な語が用いられているのは国家主権への政治的配慮からでもあるが、その実態は人権救済申立てにほかならない。訴えを提起するための決まったフォーマットはないが、通報者は、あらかじめ用意された通報モデルに従って必要な情報を提供するよう推奨されている。言語的には国連公用語のいずれかでないと受領されない。公開を原則とする裁判とは違って、判断が示されるまでは非公開である。書面のやりとりが原則であるものの、口頭の手続を備えた条約機関もあり、自由権規約委員会も二〇一七年末に口頭での意見陳述にかかるガイドラインを作成している。

通報は、事務局によって登録されると、まず受理許容性（受理可能性：admissibility）、次いで本案について審査される。受理許容性がないと判断された通報は、その段階で却下される。現状を維持する緊急の必要がある場合には、あらゆる審査に先立って、暫定措置（仮保全措置）が指示される。たとえば死刑や退去強制の事案では、いったん死刑や送還が行われてしまうと通報を検討する意味が失われてしまうので、最終判断が下されるまでの間、回復不能な損害が生じないよう処刑・送還の停止が要請されるのである。この要請に違背することは選択議定書の重大な違反であり、自由権規約の義務違反も構成する。

通報が受理されるにはいくつかの要件（受理許容性）を充足していなくてはならない。とりわけ重要なのは、国内で利用できる救済措置を尽くしてから通報を提出しなくてはならないことである。自由権規約委員会にあって、この要件の不充足は却下（不受理）理由の最も多くを占める。一般に、国内裁判手続を尽くしていればこの要件は満たされるが、裁判が不当に遅延したり、裁判によって効果的な救済を得られる見込みがないときはこの限りでない。

また、国内救済措置を尽くしたといえるためには、人権条約上の権利侵害の実体について国内の裁判で争っていなくてはならない。たとえば、自由権規約の禁止する恣意的逮捕を受けたと主張する通報が受理されるには、裁判で逮捕の恣意性についてきちんと争っていなければならない（ただし、自由権規約の具体的な条文を持ち出して争うことまで求められるわけではない）。ちなみに、メルボルン事件で通報が却下された主な理由も、通訳の不適切さについてオーストラリアの裁判できちんと争っていなかったことにあった。

このほか、受理要件については次の四点を踏まえておく必要がある。第一は、人的管轄すなわち通報者適格についてであり、自由権規約の場合、通報を提出できるのは自然人たる被害者に限定される。法律の条約適合性を一般的に問題にする抽象的規範統制型の訴えは、具体的な被害が生じていないため受理されない。

第二は、事項的管轄である。選択議定書に基づいて訴えることができるのは、自由権規約に定められた権利の侵害でなくてはならない。権利侵害に関してはそれを裏付ける事件性を示すことも必要であり、通報者には主張責任を果たすことが求められる。

第三は、時間的管轄である。選択議定書がその国について効力を生ずる前に起きた侵害は、原則として個人通報の対象にはなり得ない。ただし、批准前に生じた侵害が継続する場合に、批准後の事態に限って通報の対象にすることはできる。こうして、批准前に制定された差別的な法律がその後も継続して被害を生じさせている場合には、批准後の被害について訴えを起こすことは妨げられない（継続的侵害の法理）。また、批准前の侵害行為そのものを問題にできずとも、批准後に、当該侵害についての調査・真相究明を求めることもできる。さらに、批准前の事態を審査することについて国がことさら争わない場合にも通報は受理される（応訴管轄と呼ばれる）。

第四は、場所的管轄である。通報者は訴える国の管轄の下で権利侵害を被っていなくてはならない。「管轄の下」という要件は弾力的に解釈されており、国の領域外にいる個人であっても、侵害されたと主張する権利を媒介として当該国との間に一定の関係が成り立っていればそれで足りるとされている。たとえば、選択議定書当事国の軍隊が国外で行った活動により現地住民の生命が恣意的に失われた場合には、当該被害者は軍隊派遣国の管轄の下にあるとして訴えを起こすことができる。

見解の採択と実績

通報は、受理要件を満たしている場合に本案の審査に進んでいく。もっとも、手続を迅速化するため、実際には受理要件と本案の審査は同時に進められるのが通例である。典型的な場合だと、通報の相手方となった当事国は六か月以内に受理要件と本案について書面による陳述の提出を求められ、当該陳述が提出されると今度は通報者が二か月以内に所見（反論）の提出を求められ、それを受けてさらに当事国が反論する、というようなやり方で手続が進行していく。

メルボルン事件のように受理要件が備わっていないとされた通報は不受理の決定をもって手続が終了するが、その一方で受理許容性を認められた通報については「見解（Views）」という形で本案についての判断が示されることになる。そこでは、両当事者の主張が要約された後、事実認定がなされ、自由権規約違反の有無が示される。違反の場合には被害者に対する被害回復措置（原状回復・金銭賠償・リハビリテーションなど）や再発防止措置が要請されるとともに、救済措置の実施状況について一八〇日以内にフォローアップ情報を提供するよう求められる。同規約委員会は、見解のフォローアップを担当する特別報告者を任命し、当事国への持続的な働きかけを行う体制を整えている。「見解」は裁判でいう判決に相当するものだが、法的拘束力それ自体はないと一般に認識されている。しかし「見解」は、条約の履行を国際的に監視する権限を与えられた唯一の公的機関の判断として、自由権規約委員会が自ら公言するように「権威ある決定」であることには変わりない。同規約を解釈・適用するにあたり真っ先に参照されてしかるべき法的価値が「見解」にあることは、国際司法裁判所が二〇〇四年の「パレスチナ被占領地における壁建設の法的効果」事件で示した勧告的意見などに明らかである。

自由権規約委員会は一九九七年から二〇一九年三月までの間、九三か国を相手取った三六二四件の通報を処理し、六九七件を不受理とする一方で、一五一一件について「見解」を採択し、そのうち一一五七件について違反を認定している（このほか四七〇件は取り下げられ、九二〇件がその時点で係属中であった）。日本の行政訴訟の実態を想起するまでもなく、通報者「勝訴」率がきわめて高いことが分かる。なお、二〇一八年の一年で見ると、自由権規約委員会には一九〇件の通報が登録され、同年に処理された件数（見解、不受理、取り下げ）は一〇一件であった。

若干の事例と日本政府の姿勢

自由権規約委員会が個人通報手続で扱ってきた事案の内容は多岐にわたる。その一部を紹介すると、生命に対する権利（六条）との関連では公正な裁判を経ずして死刑を宣告された者からの訴えが多く、プライバシー（一七条）とのかかわりでは同性愛行為や姓の変更不許可に関する事案があり、宗教の自由（一八条）とのかかわりでは大学におけるヒジャブ着用禁止にかかる通報などが審査されている。

思想・良心の自由（一八条）にかかわっては良心的兵役拒否の事案があり、韓国から多くの通報がなされている。表現の自由（一九条）についてはヘイトスピーチ事案のほか、ここでも韓国における国家保安法違反の事案が注目される。このほか、家族生活の保護（一七条）・子どもの権利（二四条）については退去強制事案が、法の前の平等（二六条）の文脈では社会保障法制における差別の問題などが扱われている。少数者の権利（二七条）とのかかわりでは手続的権利としての環境権（情報提供・同意を得る義務）が審査されてきている。

このように多くの先例が蓄積される中にあって、日本政府は、人権条約の個人通報手続を頑《かたく》なに拒否する理由として「我が国の司法制度や立法政策との関連での問題の有無や実施体制等の検討課題」に言及し、とりわけ司法制度とのかかわりで「ある特定の事案について、国連の条約に基づいて設置された委員会が具体的な見解を下すことになると、裁判官の自由な審理、判断等に影響を及ぼすおそれがある」などと国会で答弁してきた。

だが、先述のとおり、この手続は既に世界の多くの国に受け入れられており、司法制度が脅かされるとの懸念を公然と表明している国は日本をおいてほかにない。むしろ、オーストラリアやカナダなどでは、個人通報を政府が受け入れることで裁判官が国際人権法に積極的な関心を示す様を見て取れる。日本政府も、「人権一国主義」の殻を脱し、個人通報という希望の砦への道を市民に開放してしかるべきである。

7　死刑の現在

二〇〇〇年から二〇一九年末までの間、日本では九四人の死刑が執行された。国際社会一般の水準に照らして見ると、「死刑大国」というにふさわしい処刑実績である。

死刑への支持が世論調査で際立つ日本にあっては実感しにくいところもあろうが、人間の尊厳を最重視する国際社会では、死刑廃止の潮流がますます強まって、とどまるところがない。ここでは、その実情を概観しておくことにする。

国際機関の要請、日本の対応

まず、一九三か国からなる国連総会で、二〇〇七年以来、死刑は人間の尊厳を毀損するものであること、抑止力についての決定的な証拠がないこと、司法過誤によって回復不能な事態がもたらされること、を理由に、死刑廃止を目的として執行を一時停止するよう求める決議が連続して採択されるようになっている。

二〇〇七年の時点で、日本政府は世論の多数が死刑を支持しているので決議に反対するとの立場を表明し、このほか、死刑は国家主権の問題であるとして米国も反対。さらに、決議採択を主導したのが欧州連合（ＥＵ）諸国であったことから、欧州の価値・意思の押し付けだとして中国、シンガポール、イランなども反対に回った。

ちなみに、二〇〇七年の票決結果は賛成一〇四・反対五四・棄権二九だった。同趣旨の決議が翌年も採択され、それ以降は隔年での審議となったが、この間の票決結果を見るに、賛成票の増加、反対票の減少という傾向をはっきり見て取ることができる。直近二回では、二〇一六年が賛成一一七・反対四〇・棄権三一だったところ、二〇一八年は賛成一二一・反対三五・棄権三二となっている。二〇一八年に新たに賛成票を投じた国の中にはマレーシア、ドミニカ、リビアなどが含まれる。

国連では人権理事会でも死刑への関心が表明されてきている。特に死刑存置国に対して、普遍的定期審査の際に多くの勧告が出されるのが常である。日本もこれまで二〇〇八年六月、二〇一二年一二月、二〇一七年一一月の三度にわたる審査に際して死刑執行一時停止の勧告を多数受けた。第三回目の審査では様々な人権課題について合計二一八の勧告を受けたが、その中で死刑廃止に関連するものは三〇以上にも及んでいる。もっとも、日本政府の態度は頑なであり、執行停止を求める勧告をすべて拒否する回答を示している。

人権理事会では二〇一七年に背教、姦通《かんつう》、同意ある同性者間での性行為などへの制裁として死刑を科すことを非難する決議が採択されたが、日本政府はこのときも、決議に死刑廃止・死刑執行一時停止に好意的な方向性が示されていることを理由に反対票を投じた。

他方、人権条約機関では、特に拷問禁止委員会と自由権規約（市民的及び政治的権利に関する国際規約）委員会で、定期報告審査の折りに強い懸念と勧告が出されている。死刑および死刑囚の処遇にかかわって、この二つの委員会が日本に対して発してきた懸念・勧告には次のようなものがある。

①長期間の独居拘禁、死刑執行時期についての秘密主義・恣意性などに鑑み、死刑確定者の拘禁状態を国際的最低水準に合致させること。②上訴を義務的にすること。③死刑執行期日を合理的な範囲で事前に知らせること。④再審・恩赦の要請に執行停止の効力をもたせること。⑤恩赦、減刑、刑の執行免除を実際上も可能とすること。⑥弁護士との秘密交通を保証すること。⑦死刑執行を一時停止しおよび減刑のための措置を検討すること。⑧死刑の廃止を十分に考慮すること。

これらの勧告に、日本政府はおしなべて消極的な対応を示している。

死刑廃止の波

死刑廃止の潮流は、世界各国の法政策の実情に歴然と現れている。一九六六年に自由権規約が採択された時点から一九八八年まで廃止国の増加は一年に一か国のペースであったが、それから二一世紀にかけて毎年三か国のペースで廃止国が増えていき、その後も漸増を続けている。

死刑廃止を求める代表的な国際人権ＮＧＯであるアムネスティ・インターナショナルは、世界各国を、死刑を全廃している国、通常犯罪について廃止している国、事実上廃止している国、死刑を存置している国に分類して毎年、統計を発表してきている（事実上の廃止国とは一〇年以上死刑が執行されておらず、処刑をしないという政策あるいは確立した慣行があると考えられている国のことをいう)。

その統計によると、二〇一八年末の時点で、一四二か国(全体の七〇%)が死刑廃止国(全廃・通常犯罪廃止・事実上廃止国)になっている。全廃国の数は、この三〇年の間に三倍も増えている。その反面で存置国も依然として五六か国に及ぶが、しかし、このうち二〇一八年に死刑が執行された国は二〇か国であり、国連加盟一九三か国に限って見ると、一七三か国(約九〇%)で処刑がなされていない実態がある。

同年、死刑が執行された国の中では中国が突出して多いとされるが(処刑数が公表されないので正確な人数は把握できないものの、一〇〇〇人単位と推計されている)、イラン、サウジアラビアも三桁台を記録し、以下、ベトナム、イラク、エジプト、米国、そして日本(一五人)と続く。

地域別で見ると、死刑廃止の波は、欧州全域、アメリカ大陸(ただし米国を除く)、アフリカで顕著である。一九八八年の時点で廃止国が存在しなかったアフリカでは、二〇一八年に死刑執行のあった国が五か国に減少している。

死刑が廃止されるパターンは、かつては、①死刑相当犯罪の減少、②死刑の制度的減軽、③事実上の死刑廃止、④法律上の廃止、と四段階を経ることが多かった。しかし近年は、短期間のうちに一気に全廃まで達成されることが少なくない。その背景にあるのは、死刑をめぐる認識の根本的変化である。

死刑はいまや、各国の刑事政策（国家主権）の問題ではなく、基本的人権の問題である、と捉えられるようになっている。言い換えれば、死刑は、生命に対する権利の侵害であり、拷問あるいは非人道的な刑罰として許容できぬものと認識されるようになっている。

こうした認識転換を促してきた動力の第一は、欧州評議会でありＥＵである。西欧では、「死刑は近代の文明国では正統な位置を占め得ない。死刑の適用は拷問、非人道的なまたは品位を傷つける刑罰にあたる」との認識が共有され、世界的規模で死刑執行の一時停止を要請するガイドラインも作成されている。二〇〇二年にはＥＵ基本権憲章二条で死刑廃止と並んで死刑国への引渡しが明示的に禁止されてもいる。

第二に、抑圧政権を脱して民主化された国における人権への期待の高まりが、東欧やアフリカなどで死刑廃止を導いてきたことが確認できる。

第三に、政治指導者の意思と裁判官の決意によって死刑廃止国への移行が実現されることもある。前者の代表例はフランスである。世論の六割以上が死刑を支持する状況下、フランソワ・ミッテランの下で法相を務めたロベール・バダンテールの強い指導力により、同国は、一九七七年をもってギロチンによる処刑と決別し、西欧最後の死刑存置国としての立場を脱することになった。

その一方、後者の代表例は南アフリカであり、死刑を残虐で非人道的な刑罰と判じた憲法裁判所の一九九五年の勇断により同国は死刑廃止国の仲間入りをすることになった。

第四に、NGOの貢献も当然ながら特筆される。アムネスティ・インターナショナルの存在については既に触れたが、このほかにも、死刑廃止に特化した「死刑廃止世界連盟」や「共に死刑廃止を(Together Against the Death Penalty)」などの効果的な働きかけぬきに死刑廃止の波はこれほど広がることはなかったであろう。

死刑の廃止と封じ込め

死刑廃止の波は国際人権法の規範環境を変容させ、それによって死刑廃止の波がいっそう高まるという相乗作用がもたらされてきた。

自由権規約が採択された一九六六年の時点では死刑存置国が多数であったこともあり、同規約は死刑廃止を打ち出すことはできなかった(それでも、第六条に死刑廃止の方向性と望ましさを明記する規定が挿入されてはいる)。その後、死刑廃止国の増加を受けて一九八三年に欧州死刑廃止条約(欧州人権条約第六議定書)が誕生すると、一九八九年には国連死刑廃止条約(自由権規約第二選択議定書)、翌九〇年には米州死刑廃止条約(米州人権条約議定書。現時点での締結は中南米およびカリブ海の一三か国)が作成される。二〇〇二年には死刑全廃を定める欧州人権条約第一三議定書も署名された。アフリカでも二〇一五年にアフリカ死刑廃止条約案(アフリカ人権条約議定書案)がアフリカ人権委員会によってアフリカ連合に提出されている。

二〇〇九年一二月、国連死刑廃止条約二〇周年の式典において、国連人権高等弁務官は、生命権尊重、司法過誤の可能性、抑止力の証明なし、応報的性格という四つの理由を述べて死刑に反対する旨を明言した。国際人権法において死刑を許容する余地がなくなっていることを明確に伝える言述であった。

ちなみに一九九〇年代に入って旧ユーゴスラビアとルワンダについてアドホック国際刑事法廷が設置され、二一世紀初頭には常設の国際刑事裁判所も発足したが、これらの法廷における最高刑も死刑ではない。特に国際刑事裁判所では、「国際共同体全体の関心事である最も重大な犯罪」を処罰する旨を宣言したうえで死刑が排除されていることを銘記しておくべきである。

国際人権法は、死刑廃止・一時執行停止をストレートに求めるだけでなく、間接的な形で死刑を封じ込める規範戦略も採用してきている。たとえば、絶対的法定刑としての死刑（死刑しかない犯罪）を禁止するとともに、死刑確定後、執行までの期間が長期化した場合の死刑執行は残虐で品位を傷つけるものとの認識を定着させている。また、死刑の場合には適正手続の厳格な適用が要請されており、領事面会権の保障なき死刑は一九六三年領事関係条約違反ともされる（二〇〇一年の国際司法裁判所ラグラン事件（ドイツ対米国）判決も参照）ほか、死刑廃止国から死刑の待つ国への引渡しも厳に禁止されている。

死刑を封じ込める国際的な規範環境が死刑存置国における死刑のあり方に影響を与えている様は顕

著であり、先述のとおり死刑廃止国への移行が促され、死刑執行数が減少するだけでなく、死刑犯罪・絶対的法定刑としての死刑も明瞭に縮減している様を見て取れる。

米国という宿痾《しゅくあ》

死刑を存置している国の中には日本政府が「同盟国」と恃む米国も含まれている。米国は死刑に関する国連事務総長の問い合わせにも、「民主的社会では、刑事司法システムは自由に表明された人々の意思を反映すべき」（二〇〇〇年）という回答を寄せ、死刑を人権ではなく国家主権（各国の刑罰権・刑事政策）の問題と捉える立場を公言している。しかし、かつては揺るぎない「死刑大国」の地位を誇った米国にも死刑廃止の波は着実に及んでいる。

一つには、連邦最高裁における死刑の扱いにそれを看取できる。一九九九年のナイト対フロリダ事件とモア対ネブラスカ事件においてブレヤー判事が反対意見を述べ、死刑確定者として長期の時の経過を強いられた後の処刑が非人道的と評されるおそれを示唆していたが、二〇〇二年のアトキンス対バージニア事件判決では知的障害者の処刑が残虐な刑罰にあたるという判断が示され、二〇〇五年のローパー対シモンズ事件判決では犯行時一八歳未満の少年の死刑執行が違憲と断じられた。いずれも、国際人権規範の潮流を反映したものにほかならない。

二〇〇八年のベイズ対リース事件判決では、薬物注射による死刑執行の憲法適合性が審査され合憲との判断が出されたもののスティーブンス判事が死刑への疑義を開陳し、二〇一五年のグロシップ対グロス事件判決でも、死刑執行のためミダゾラムという薬物の使用を合憲とした多数意見に対して、ブレヤー、ギンズバーグ両判事が反対意見を述べ、死刑違憲論を正面から提示している。

死刑廃止の波は、処刑数の推移に見て取れる。一九九八年に九八人が処刑されていた米国における近年の死刑執行数は次のとおりである。二〇一〇年四六人、二〇一一・二〇一二年四三人、二〇一三年三九人、二〇一四年三五人、二〇一五年二八人、二〇一六年二〇人、二〇一七年二三人、二〇一八年二五人。二〇一八年にしても、処刑は南部の八州のみであった。

米国では二〇一八年末の時点で二〇州（ワシントンＤＣも）が死刑を廃止しており、その他一一州で一〇年以上処刑がなく、三つの州で知事による死刑執行停止命令が発令されている。連邦刑法の下での処刑も二〇〇三年以来なく、軍法下での死刑も一九六一年以来執行されていない。

米国が死刑存置国であることは事実であっても、その実態は一部の州に死刑が残っているというに過ぎない状況にあることが分かる。トランプ政権下で多少の揺らぎこそあれ、米国における死刑は気息奄々《えんえん》たる体に近づいているといってよい。

日本の行方

二〇〇六年に国連人権理事会の特別手続の一つ「超法規的・略式・恣意的処刑特別報告者」が「透

明性と死刑の賦課」と題する報告書を刊行した。その中で同特別報告者は、国民の多数の支持をもって死刑が正当化される日本の実情に言及し、人々が死刑に関して十分な情報を与えられているのかについて疑義を呈している。

この点で思い起こすのは、死刑について犯罪学の観点から調査を重ねてきた研究者の次の指摘である。「市民は、死刑の性質、利用、そして結果についてよりよく知れば、死刑に代替するものをいっそう求めるようになる。すべての市民が、死刑についての見解を合理的な事実の評価に基づいて行えるようにする義務を政府は負っている」(Roger Hood, *The Death Penalty: a World-wide Perspective* (3rd ed.2002))。

正確な情報が行き渡ることによって、この研究者がいうように日本でも死刑廃止が促されていくのかは定かでないが、少なくとも、死刑の存廃に関する見解は合理的な事実の評価に基づいて示されるべきことについて異論はあるまい。

日本弁護士連合会は二〇一六年の人権擁護大会で死刑制度の廃止を含む刑罰制度全体の改革を求める宣言を採択した。被害者感情も踏まえ、この宣言には様々に異論が呈されてはいるものの、大量処刑も厭《いと》わぬ日本の死刑のあり方については、国際社会の実情を見るにつけ、根本的に見つめ直すべき時が来ているという思いを強くする。

8 人権NGO

二〇一七年七月七日に国連で採択された核兵器禁止条約は、「核兵器の使用が引き起こす破局的な人道上の帰結を深く憂慮し」、「核兵器が二度と使用されないことを保証する唯一の方法がその完全な廃絶にある」との認識に立ち、核兵器の開発、実験、製造、保有、貯蔵、移譲、使用・威嚇を禁止する画期的な内容をもつものとして生み出された。同条約の成立に向けて重要な働きをしたＩＣＡＮ（核廃絶国際キャンペーン）に二〇一八年、ノーベル平和賞が授与されたことは広く知られているとおりである。

この一例が示すように、国際法上の重大な課題への取り組みにあたり、市民セクターとくにＮＧＯ（Non-Governmental Organization：非政府組織）の果たす役割にはきわめて大きなものがある。ここでは、人権とのかかわりを中心に、ＮＧＯの存在意義と今後について考えてみることにする。

Nonが意味するもの

国際・国内を問わずどの社会も様々な力が輻輳《ふくそう》して成立しているが、これらを行政の力、経済の力、価値の力の三つに分けて説明するものがある。この類型に従うと、行政の力は政府セクターが有し、強制力を背景に人々を政策に従わせるものであるのに対し、経済の力は消費や富の欲望に訴えて企業セクター（市場）によって行使される。

他方で価値の力とは真実や善、正義などに向かって人々を動かすものであり、ここにNGO本来の力の源泉が見いだされる。NGOのNはNonの頭文字だが、この語には、否定あるいは否認ではなく、既成の制度や権威に挑戦し、社会を変革していくという能動的な意味合いが込められている。その源泉が価値の力にほかならない。NGOが人々を動かし社会変革を促すことができるのは、権力や財力によってではなく、善き世界を手繰り寄せようとする価値的な働きかけを通してなのである（したがって、人々の間に主体的な価値判断のできる条件がなければNGOは力を発揮しにくくなってしまう）。

実際のところ、NGOは各国の国益を積み上げるだけでは効果的に向き合えぬグローバルな課題に対峙《たいじ》し、既存の国際法制度を変革する紛れもない力になってきた。核兵器のほかにも対人地雷やクラスター爆弾などにかかる諸条約の作成、あるいは環境保護、貧困撲滅、さらには地球全体の共通利益を象徴する人権の分野などにおけるNGOの活動には際立ったものがある。

もっとも、官尊民卑的な考え方が強い日本社会では、公益は政府が担うものとされ、社会変革を求めるNGOは「非政府」ではなく「反政府」的な位置付けを与えられてきたところがある。そうしたイメージが刷新されたのは一九九〇年代に入ってからである。NGOは、「南」（発展途上国）の人々の実情を伝え、開発教育、エンパワーメント、ジェンダー、正義といった新しい潮流・概念を伝達し、さらにフェア・トレードといった地域づくりの実践などを通じて人々の間に信頼を醸成し、その活動を日本のなかにも根づかせていった。

そして、一九九二年の地球環境サミット（リオデジャネイロ）、一九九三年の世界人権会議（ウィーン）、一九九五年の世界女性会議（北京）など断続的に開催された国際会議の場で、独自の政治主体としてあるいは政府代表団のメンバーとしてＮＧＯはその存在感をめざましいばかりに発揮する。こうして、公益は政府が担うもの、というイメージを抜本的に改める契機が日本社会でも広がっていくのであった（藤岡美恵子ほか編『国家・社会変革・ＮＧＯ』（新評論、二〇〇六年）参照）。

人権ＮＧＯ

人権ＮＧＯとは、人権の促進・保護を目的とする民間の非営利組織であって、政府から独立し、自らは政治権力を求めないものをいう。政府から独立しているというところが肝なのだが、実はここがそう単純ではない。たとえば、国によってはＮＧＯコミュニティへの影響力浸透と情報収集などをかねて自らＮＧＯを立ちあげるところがある。政府肝いりのこうしたＮＧＯは、揶揄《やゆ》を込めてＧＯＮＧＯと呼称される。ＧＯは Governmental の略である。こうした組織はＮＧＯとは言い難いのだが、政府肝いりかどうかは外見からは容易に判別できないことも少なくない。

他方、政府からの財政的支援・補助はＮＧＯにとって決して例外的なことではない。しかし、国家による人権侵害に向き合うべきNGOが国家の財政的支援を受けているということになると、その独立性に影が差し込んでくる。後述するアムネスティ・インターナショナル（以下、AI）も、一九六〇年代に、英国政府からの資金を受け入れていたとして、その設立者であったピーター・ベネンソンが職を辞するというスキャンダラスな事件に直面した。また人権NGOの老舗の一つである国際法律家委員会（ICJ）も、同時期に米国CIAの資金が流入していたとして強い批判の対象になっている。

両NGOとも独立性と財政とのかかわりにはその後明瞭なスタンスをもって臨むようになり、ことにAIはきわめて厳格な基準を打ち立てた。日本支部のホームページにも、「政府や政党からの財政的援助を求めたり、受け取っていません」と明記されるに及んでいる。同様に、AIと並ぶ人権NGOの代表格であるヒューマンライツ・ウォッチ（HRW）もいずれの政府からもいっさい資金提供を受けないと明言しているが、これは、財政支援を受けることで当該国が人権侵害をしていないと判断しているかのような心象を生じさせないためであるとされる。「業務委託」や「補助金」を受ける場合には、政府からの独立をどのように担保するのかを明確にすることが、なおのこと欠かせない。

人権NGOが行う活動は多岐にわたる。それらを分類すれば次のようになろう。①アジェンダ・セッティング（国際的な場などで人権問題の所在を訴える）、②国際人権基準の定立への貢献（人権に関する新しい宣言や条約の提案）、③情報収集・分析・頒布（事実の調査・解明）、④告発・非難、⑤国際的連帯（人権活動家の支援）、⑥人権教育、⑦選挙監視、⑧人権コンサルティング（国際機関や各国政府への専門的助言）。

このなかで人権ＮＧＯの本領というべきものは③と④である。閉ざされた社会の暗部に分け入って事実を明るみに出し、国際人権基準に照らして毅然たる批判を行う活動である。政府と対抗的な関係に立って事態の改善を促していくためにもＮＧＯの独立性が重要になることはいうまでもない。⑧のコンサルティング活動は政府の行動を実際に変えていくという点で他の活動以上の効果をもつだろうが、政府との協働関係を必要とするだけに、批判の刃《やいば》が鈍ってしまうのではないかという懸念もある。

日本にも、ＡＩやＨＲＷなど国際ＮＧＯの支部がおかれているほか、国際人権基準を援用して上記の活動を展開する人権ＮＧＯが数多く存在している。その一部を紹介すると、アイヌや琉球／沖縄人など先住民族の権利を唱道している市民外交センター、女性差別撤廃条約の研究・普及・教育に先駆的な役割を果たしてきた国際女性の地位協会、非拘禁者の処遇問題を扱う監獄人権センター、さらに、死刑廃止国際条約の批准を求めるフォーラム90、子どもの権利条約ネットワーク、移住労働者と連帯する全国ネットワーク、障害分野ＮＧＯネットワーク、ヒューマンライツ・ナウ、反差別国際運動（日本委員会）などである。

AIの誕生と変遷

人権NGOの象徴的存在であるAIは、一九六一年五月二八日、英国オブザーバー紙に掲載された「忘れられた囚人」と題するエッセイをきっかけに誕生した。寄稿者は先述したベネンソンで、英国の弁護士であった。政治的・宗教的信条ゆえに投獄された人々の釈放を呼びかけるそのエッセイは大きな反響を呼び起こし、支援の申し出が相次ぐことになる。こうしてAIの設立が宣言されることになる。ベネンソンはそれを「蓄えられていた偉大な潜在的理想主義の発現」と評している。

世界人権宣言を拠り所に、AIは思想や人種などを理由に捕らえられた非暴力の人を「良心の囚人」と称し、その釈放を求めて精力的に活動を展開した。といっても、主な手段は会員による手紙書きに過ぎなかった。名もなき市民から届く訴えにどれほどの効果があるのか、疑問をもつ向きもあったが、手紙書きという作業の素朴さゆえにかえって会員網は世界に拡大し、AIの声はしだいに各国政府に無視できぬ影響力をもつようになっていった。

一九七〇年代に打ち出した拷問廃絶に向けた一大キャンペーンは、その広範かつ正確な事実調査とあいまって、世界各地に拷問廃絶へのうねりを生み出し、国連で拷問禁止条約の誕生をもたらすまでになる。AIのこうした活動は国際的に高い評価を獲得し、一九七七年には人権NGOとして初めてノーベル平和賞を受賞するという快挙に結びついた。AIはこの後、死刑廃止の国際的オピニオン・リーダーにもなっていく。

だが冷戦終結後、各地で勃発した民族紛争による大規模な殺戮《さつりく》や人権蹂躙《じゅうりん》、さらに人間が忽然と姿を消して消息不明になる「強制失踪」などを前に、「良心の囚人」の釈放を求める手紙書きという従来型の活動では有効な対処が難しい事態が訪れる。人間が大規模に殺され、抹消されてしまうときに、会員による手紙書きはいかにも無力であった。加えて、女性に対する暴力、子どもの人権、先住民族の権利、人身売買、対人地雷、経済制裁、貧困など、一九九〇年代に国際社会の関心をいっそう集めることになった人権課題にＡＩは指導的な役割を果たすことができなかった。その背景には、民主的な組織運営もあって意思決定が遅れがちだったという事情もある。

この間、ＡＩで経験を積んだ人々によって組織されたものも含めて、拷問や死刑など特定の人権課題に特化した多くのＮＧＯが台頭し、これによってＡＩの地位が相対的に低下する事態も進行した。その一方で、ＡＩは活動の対象を自由権だけでなく社会権にも拡張し、さらに、働きかける国際機関も人権関係のものから安全保障、難民、経済・金融、保健、開発というようにウィングを広げていく。これは、九〇年代に入って人権が「主流化」したことで、すべての国際機関に人権の考慮が求められるようになったことへの組織的対応でもあった。

活動対象が広がるに伴い、ＡＩのあり方にも質的変化が見て取れるようになる。それまでは対抗的な立場に立って人権侵害国の責任追及に力を注いでいたところ、しだいに、国連機関や各国政府の諸施策のなかに人権を統合するよう提言する役割が増えていった。こうしたコンサルティング的な活動の危うさは上述のとおりだが、これにさらに言葉を継げば、人権活動の幅を広げるなかにあって、グローバル化がもたらす極度の不平等（格差）という喫緊の問題にＡＩが関心を示してこなかったことは、人権保護を掲げるＮＧＯとしてのあり方に重大な疑念を生じさせるものでもあった。

人権が主流化された冷戦終結後の世界は、富が一握りの人々に集中する新自由主義の時代でもある。極端な格差の出現を背景に、国内では社会的分断・排除の契機が強まり、国際的には欧米に向けて大規模な人の越境移動が絶えないなど、深刻な事態が各所で生じている。その現実を前に、すべての人間の尊厳が確保される公正な秩序構築のため、富の再分配を促す取り組みを人権の観点から本格化させることにも関心を寄せてしかるべきであろう。

社会変革の新しい担い手

国際社会の重要なアクターとしてのＮＧＯの地位は、かつてとは比べものにならないほどに高まっている。だが、それによって価値の力が相応に強まっているのかというと、必ずしもそういうわけではない。ＮＧＯとりわけ組織的な拡充を続ける大手の国際ＮＧＯには、官僚化や企業化の様相が色濃く漂っている。マネジメントモデルや企業の論理が導入されるとともに、専門化・エリート化がいっそう促進されて、ＮＧＯの最大の支持母体である一般の人々との乖離《かいり》が広がっているのではないかという懸念すらある。

そもそも、組織が拡充することにより、組織の維持に向けた保守の力学が強くはたらくことはＮＧＯといえども例外ではない。ＡＩにしても、社会を変革する「運動」の側面よりも、既存の社会制度を前提とした「組織」としての存続を図ろうとする側面が無意識のうちにせよ大きくなってきたように見受けられる。

この関連で強い違和感を覚えたのは、二一世紀に入って度重なった欧米諸国による武力行使に対し正面から異議を唱えた人権ＮＧＯが、ＡＩやＨＲＷを含め、皆無に等しかったことである。ＮＧＯが最大の関心を示したのは戦争の阻止ではなく、国際法に従った戦闘方法の規制であり、戦争により発生する難民の保護・支援であった。戦争は安全保障の問題であり、合・違法の判断も難しいので、人権の専門家として戦争の開始そのものに口を挟むのは差し控えた、ということなのかもしれないが、価値の力に基づく行動が最も必要だったのはまさしくその局面においてであった。世界の多くの人々が期待を寄せたのも、戦争そのものを阻止することに向けた力の結集だったのではないか。

ＮＧＯが保守の力学を強く受ける一方にあって、社会変革を求める新たな担い手として台頭してきたのが社会運動である。ＮＧＯが「結社・組織」であることを前提にしているのに対して、社会運動は本部や中心といったものすらもたぬ、融通無碍《むげ》なネットワーク型のものとして展開される。ＳＮＳを駆使し、意思を直接に表明するデモの形態がとられることが多い。

新自由主義主導のグローバル化とは異なるもう一つの世界を求めて二〇〇一年に開始された世界社

会フォーラムや、二〇一一年にウォール・ストリートを占拠した“We are the 99%”、福島第一原子力発電所の大規模な事故を受けて始まった脱原発運動、二〇一五年の安保法制反対運動などは、いずれも社会変革に向けて人々の意思を結集したものだが、どれ一つとして既存のNGOによって主導されたものではなかった。NGOによっては、こうした社会変革を求める運動は展開し得なかったのかもしれない。

組織化が進み、政治的アクターとしての地位が高まったことにより、NGOは既存の制度への依存を深め、変革の担い手たる本来の姿を薄めつつあるように見える。国際基準の設定や実施などに果たしてきた貢献が高く評価される一方で、NGOはその存在意義を根源的な次元で問われる段階を迎えているのではないかという思いである。

9　極度の不平等、ＮＩＥＯ、テロリズム

極度の不平等

国連人権理事会により「極度の貧困と人権に関する特別報告者」に任命されたフィリップ・オルストンが二〇一五年に提出した報告書は、世界にとめどもなく広がりゆく「極度の不平等（extreme inequality）」を国際人権法の観点から捉え直す必要性を訴えるものであった。

国際ＮＧＯのオックスファムが行った二〇一七年の実態についての分析によれば、世界で最も裕福な一％の人々によって、残りすべての人間たちがもつ以上の富が保有されているという。国ごとに見ても、たとえば米国では最も富裕な三人が下位五〇％の人々（約一億六〇〇〇万人）と同量の富を有し、インドネシアでも上位四人の富が下位一億人のそれに相当するという。こうした数字が明らかにするように、経済的不平等の広がりは今や地球規模で比類なき醜貌を差し出しているといってよい。

種々の規範の定立を通じ国際人権法がこれまで目指してきたのは、いってみれば、すべての者に人間にふさわしい最低限度の生を保障することであった。自由を恣意的に奪われないこと、生きるために必要な衣食住を確保すること、である。だがその反面にあって、「天井」すなわち上方への国際人権法の関心は控えめにいっても希薄なままに推移してきた。先述のとおり、世界の実情はといえば、

一握りの富裕層が天井を頭上はるかかなたに押し上げて、最底辺との間に圧倒的な経済格差を広げるまでになっている。

そうした不均衡の存在によって人権の平等な享有に負の影響が生じ、加えて、多数者の生活水準の低落と、確保されるべき最低水準の切り下げにより社会不安がひどく煽《あお》られる事態が深まっている。国際人権法は天井（上方）に十分な規範的な関心を寄せぬことで人間間と国家間に横たわる不平等の拡大を看過し、社会的亀裂・排除ひいては人権そのものに対する関心・信頼の低落を自ら招いてきたところがあるのかもしれない。オルストンの上記報告書には、その旨の問題関心をいざなう記述がちりばめられていた。

ＮＩＥＯの動勢

世界大での不平等の問題は、実は、脱植民地化の深まりとともに国際政治の重大な課題として立ち現れていた。一九七四年五月一日に特別会期を招集し国連総会が採択した新国際経済秩序（ＮＩＥＯ）樹立宣言（A/RES/S-6/3201）がその頂点をなす。ＮＩＥＯへの胎動は一九五五年のバンドン会議を始め、一九六二年の天然の富と資源に対する永久的主権決議（GA Res.1803（XVII））、一九六四年の国連貿易開発会議（ＵＮＣＴＡＤ）の創設と、その勢いを着実に増してきていた。脱植民地化により国際社会の権力構造が変容するなかにあって、平等への政治的期待は国際経済秩序の改編を求めるＮ

ＩＥＯにおいて頂点に達した。

ＮＩＥＯは、富裕国と貧困国の実質的平等という明瞭な目標を打ち出し、国家間の不均衡な経済格差の真因が欧米主導の国際経済構造にあるとして、既存のルールの改編を求めるドラスティックな内容をもつものであった。ＮＩＥＯにかかわる決議はその後も断続的に国連総会で採択されていくのだが、それらを集大成させたものが一九七四年一二月一二日に採択された「国の経済的権利義務憲章」（GA Res. 3281（XXIX））である。

ＮＩＥＯに賭けられていたのは不均衡な国際構造を背景に生み出された国家間の不平等を根本的に是正することであり、その矛先は公正な分配を損なう多国籍企業の活動にも向けられた。この紛うことなき壮大なプロジェクトは、しかし、主権国家間の平等を希求する政治エリート主導の域を出ず、国家（第三世界諸国）内部に巣食う不平等については、貧困国の結束を優先するという理由から、公然と関心の外に抛擲《ほうてき》された。

国家間の平等を求めつつ国内での不平等・人権状況は放置するという二重基準を内包して立ち上げられたＮＩＥＯの勢いは、七〇年代後半に急速にしぼんでいく。その背景事情の委細に立ち入る余裕はここではないものの、ただ、ＮＩＥＯが舞台の後景に退くのと時期をほぼ同じくして二つの潮流が台頭してきたことには留意しておく必要がある。一つは貧困削減言説であり、もう一つは国際人権運動である。きわめて不十分であれＮＩＥＯが体現していたグローバルな次元での富の再分配を求める声は、これらの潮流に飲み込まれるように国際秩序の遠景に押しやられていった。

一九六〇年代から国連では「開発」が重要なテーマにはなっていたのだが、七〇年代になると「基本的な人間の必要（basic human needs）」という概念が訴求力をもち、その中心的担い手となった世界銀行の存在がこの分野できわめて大きなものになっていく。人間の基本的必要を満たすことに開発の目標が設定され、政策の力点は貧困の削減に据えられる。そして、この政策の浸透により、不平等の是正ではなく（絶対的）貧困の削減へと認識の転換が促されていった。ＮＩＥＯの求めたグローバルな次元での平等へのコミットメントから、ミニマリストというべき最低水準の実現への転換である。

他方で、一九七〇年代は人権ＮＧＯが国際政治の舞台で公的に認知されることにより、国際人権保障システムが飛躍的な発展を迎える時期でもあった。その代表格といえば、前章で言及したアムネスティ・インターナショナルをおいてほかにないだろうが、今日ではこの団体を凌《しの》ぐほどの認知度を誇るヒューマンライツ・ウォッチなどの活動が芽吹いたのもこの時期にほかならない。これらのＮＧＯは、国家による抑圧に焦点をあて、身体の自由の確保に活動の軸足をおくことにより、国際人権法における自由権偏重の潮流を増幅させていくことになる。

一九六〇年代の後半に至り「人権の保護」に活動の幅員を拡張していた国連人権委員会でも、一九七四年からチリにおける大規模な弾圧の事態に特別手続の矛先が向けられていく。ＮＧＯの活動も当然ながらその主導者たるアウグスト・ピノチェトによる抑圧・拷問の醜態を照射するものとなるのだが、他を圧するほどの人権蹂躙の嵐が吹き荒れたこの時期、チリでは経済成長の軌跡が着実に刻まれてもいた。民営化・規制緩和・社会保障の縮減といった諸施策を一律に処方する新自由主義の綱領が、ピノチェトの軍政下にあってめざましい成果を上げ始めていたのである。だが、政治弾圧を厳しく非難する一方で、国連人権メカニズムも人権ＮＧＯも、経済成長に伴い拡大する経済的不平等の実態を人権保障の観点からことさら問題視することはなかった。

チリの事例からうかがえるのは、国際人権運動と新自由主義（の下での経済的不平等）の拡大とがまったく矛盾のない事象として同時進行し得るということであった。現に、冷戦が終結してほどなく訪れる「人権の主流化」の時代は、介入主義（福祉国家）あるいはＮＩＥＯのビジョンを暗渠《あんきょ》に埋める新自由主義の潮流が、程度の差こそあれ中国やインド、ロシアを含む世界全域に行き渡る時代にもほかならない。国際人権法の隆盛は、各所に広がる極度の経済的不平等と手を携えるように謳歌《おうか》されていくのである。

テロの私人化

輝きを放ったＮＩＥＯが舞台の後景に退き、個人の自由に焦点をあてる国際人権運動が台頭した時代を象徴するのが脱植民地化と人民の自己決定権（自決権）をめぐる言説の変容であった。植民地支配下にあった民族（人民）の解放闘争を支える法的礎であった自決権は、脱植民地化のプロセスが概《おおむ》ね終了したと喧伝《けんでん》された一九七〇年代にその主要な役割を終えたとされ、これに代わって急速に広がったのが個人の自由に国際的焦点をあてる考え方である。

新興国としては、独立後も欧米中心の不均衡な国際秩序が是正されないかぎり植民地支配の遺制を脱することは難しく、また、各国の内部には依然として植民地的支配を受ける多くの先住民族（人民）が自決権行使の次なる主体としてその時を待っていた。言い換えれば、脱植民地化のプロセスも自決権の役割もけっして終わってはいなかったのだが、欧米主導の国際法言説は、「独立」を機に議論の焦点を個人の処遇に移行させ、集団の権利を掲げた現行秩序変革への動きを非正統化する認識を浸透させていった。不平等な国際秩序の是正というＮＩＥＯの壮大な理念は、こうした言説変容の波《は》濤《とう》を受けて退潮を余儀なくされていくことになる。

興味深いことに、一九七〇年代の末に至るまで、秩序の変革を訴える解放闘争や分離運動の担い手は一定の敬意を受けることこそあれ、「テロリスト」という言葉を差し向けられる存在ではなかった。なにより、今日的認識とは異なり、テロは国家により実行されるものとされていた。国際的なテロ防止措置を分析した一九七二年の国連事務局報告書が述べるように、テロリズムという言葉は歴史的に「主として、政府の意思に服従させ、あるいは合致させるため住民の間に恐怖を撒《ま》き散らす政府の行為および政策に対して当てられてきた」（A/C.6/418, p.6）。現に、フランス革命時にロベスピエールらジャコバン派が行った統治（恐怖政治）がテロの起源であることは周知のとおりである。

一九六〇〜七〇年代にかけても、テロという語はラテン・アメリカや東欧諸国などの独裁国家と、南部アフリカやイスラエルといった差別的国家に対して向けられていた。（国家）テロは、「人種主義的、植民地主義的および外国の体制」によって実行されるものとして、国連総会の連綿たる非難決議の対象とされていたのである。しかし、右記国連報告書も示すように、しだいにテロは国家ではなく個人（の集団）によって実行されるもの、という認識が定着していく。その重大な契機の一つとなったのが一九七二年のミュンヘン・オリンピックでの出来事であった。

パレスチナ武装組織「黒い九月」によって引き起こされたこの事件は、人質となったイスラエル選手団の九名全員が死亡するという最悪の結末に逢着し（イスラエル側は合計で一一名、犯人側も五名、さらに警察官も一名死亡した）、国連総会に初めて「テロリズム」の議題を加えるきっかけにもなった。テロはこうして、「人々を統治・支配する手段」から「個人の実行する重大な犯罪」へと、その位置付けを根本的に置換されていくことになる。

ちなみに、「自決の権利の行使として人民が植民地支配及び外国による占領並びに人種差別体制に対して戦う武力紛争」を国際的武力紛争とみなし、そうした戦闘に従事する者の保護を明記するジュネーブ第一追加議定書が署名のために開放されたのは一九七七年のことであった。しかし、改めて振り返れば、その時点までに既に国際社会の支配的言説は変容し、不平等な秩序の変革を求め出る解放闘争は、右事件などと結びつけられて、国際的正統性を欠くテロ行為として非難される様相を強めていたのである。

この点に関連し、二一世紀に入ってからの出来事として、米英の軍事侵攻により軍事占領下におかれたイラクにおいて、テロという語が、違法な武力行使を行った米英ではなく自決権を行使して占領に抵抗する現地住民の側に向けられたことが思い起こされる。日本を含む欧米諸国や報道機関からテロという語を装着されるや、抵抗運動は正統性を剥ぎ取られ、国際的非難の対象へと転じていった。

ところで、一九七〇年代前後に解放闘争の手段として頻繁に利用されていたのは航空機の不法奪取（ハイジャック）である。ある論文で引用された統計によると、一九六〇年代から七二年までに一五九の米国内便がハイジャックされ、国際的にも一九六八年から八八年までに八〇〇以上のハイジャック例があるという。だが、一九七〇年代が深まるまで、ハイジャックの実行犯にテロリストという語があてられることは一般的ではなかった。むしろ「ハイジャック犯は、政治目的を追求する、しいたげられた政治的アクター」とみなされていたところすらある（Joseph Slaughter, "Hijacking Human Rights: Neoliberalism, the New Historiography, and the End of the Third World", *Human Rights Quarterly*, Vol.40 (2018), p.772)。

一九七〇年九月に、パレスチナ解放人民戦線（ＰＦＬＰ）が四機同時ハイジャックを手がけ、さらにもう一機を加えて合計五機を不法に奪取するという事件が起きた。この事件は人質が解放された後に、三機が各国報道機関の眼前で爆破されるという衝撃的な結末に及ぶ。だがこの事件の後もＰＦＬＰのメンバーはテロではなくゲリラと称されていた。自決権の実現を求める解放闘争は、ハイジャックのような暴力を用いた場合であってもなお正統なものと認められる余地を残していた。だがそれも、既述のような言説変容のなかで、七〇年代終盤までに大きく様変わりしていくのである。

新自由主義の時代

不平等な秩序・構造の抜本的変革を求める解放闘争の非正統化は、公正な世界を希求する「第三世界」というビジョン（第三世界主義）の消失を告げるものでもあり、その象徴であるＮＩＥＯの終焉《しゅうえん》をもたらすものでもあった。第三世界主義は、「南」の途上国にある人々が被る苦痛を不均衡な構造の変革を通じて実現しようとした。だが、亢進《こうしん》する秩序変革への潮流に強い危機感を覚えた欧米諸国は、上述のようにそうした動きを非正統化するとともに、関心の焦点を政治経済構造ではなく個人の処遇にあて、一人ひとりの被る苦痛に対する人道主義的な共感への刺激を押し広げていった。

その先導的な役割を担うことになったのが一九七〇年代に興隆した国際人権運動であり、とりわけアムネスティ・インターナショナルであった。８章で見たとおり、一九六一年に歩を踏み出したアムネスティの開発した手法は「手紙書き」である。抑圧的な政権下で不当に捕えられた「良心の囚人」の釈放を求める書簡が世界各地に広がる多くの会員によって送り届けられ、その結果として少なからぬ人々が釈放されるという成果が刻まれていった。

アムネスティ運動は、自由を奪われた個々人の物語を紡ぐことで世界に共感の輪を広げていく。この運動の世界的拡大は、だが、不正義の射程を個人と（抑圧的）国家の関係に収斂《しゅうれん》させ、国際秩序の変革を求める第三世界主義の理念を希釈する役割を演じることにもなった。

民族解放闘争がテロと等視され、ＮＩＥＯ構想がすぼんでいく一方で、世界は個人を中心に据えた人権の時代へと進んでいく。現在に続くこの時代は、だが、前述のとおり新自由主義の時代にもほかならない。不平等な秩序変革への関心が希薄化されたことにより、人権の時代は、極度の不平等が世界を覆う時代ともなってしまった。その現実を踏まえ、公正な秩序構築のため富の再分配を促す取り組みを、国際人権法は早急に押し進めていくべきである。

10　徴用工問題の法的深層

一九六五年の日韓請求権協定（財産及び請求権に関する問題の解決並びに経済協力に関する日本国と大韓民国との間の協定）の解釈をめぐる問題については、元「慰安婦」とのかかわりで何度か論及してきたが（第二巻）、新たに元「徴用工」とのかかわりでもこの問題が重大な懸案となって立ち現れていることは広く報道されているとおりである。

その直接の引き金になったのは二〇一八年一〇月三〇日の韓国・大法院（最高裁）判決である。新日鉄住金（旧新日本製鉄）の上告を棄却して、一九四〇年代に強制動員・強制労働をしいられた元徴用工への損害賠償を命じたこの判断に対し、安倍首相は「本件は一九六五年の日韓請求権協定で完全かつ最終的に解決している。今般の判決は、国際法に照らしてあり得ない判断だ。日本政府として毅然と対応する」と語り、ことのほか強い非難の言葉を投げかけている。

日本の報道機関もおおむね判決に批判的であり、「暴挙」という語を用いて難じるところもあった。識者たちのコメントにも「日韓関係の根幹を揺るがす事態」などといった言葉が踊った。他方、韓国大法院は、その後も日本企業を当事者とする二件の訴訟で同様の判断を示し続けている。

これらの訴訟で問われた重大な争点の一つは、日韓請求権協定により個人の請求権、つまり損害賠償を請求する個人の権利が消滅したのかどうかということであった。報道によれば、日本政府は同協定により個人請求権問題は解決されたとの立場をとっているとされる。そうだとすると、韓国大法院の判断を受け入れられないのも当然の対応のように思える。

だが、マスコミが伝えるところとは異なり、日本政府は実際にはそうした立場をとってきたわけではない。以下では、その実情を整序するとともに、大法院判決の後背をなす国際法の新しい規範的潮流について考察する。

協定の射程

日韓国交正常化に伴い締結された請求権協定は、第二条一項で次のように規定する。「両締約国は、両締約国及びその国民（法人を含む。）の財産、権利及び利益並びに両締約国及びその国民の間の請求権の問題が、一九五一年九月八日にサン・フランシスコ市で署名された日本国との平和条約第四条(a)に規定されたものも含めて、完全かつ最終的に解決されたこととなることを確認する」。

この規定に関しては、まず「完全かつ最終的に解決された」とされる「請求権の問題」とはいったい何を意味するのかが問われる。条約の解釈の仕方について定める一九六九年の条約法に関するウィーン条約三一条一項によれば、「条約は、文脈によりかつその趣旨及び目的に照らして与えられる用語の通常の意味に従い、誠実に解釈」しなくてはならないところ、「文脈というときは、条約文（前文及び附属書を含む。）のほかに、次のものを含める」として、「条約の締結に関連してすべての当事国の間でされた条約の関係合意」が明示されている。

日韓請求権協定の場合には、締結時に両国間で作成された合意議事録がこれにあたる。そこには、解決された請求権問題に、「日韓会談において韓国側から提出された『韓国の対日請求要綱』（いわゆる八項目）の範囲に属するすべての請求が含まれ」る旨が明記されており、その第五項には「被徴用韓国人未収金、補償金その他の請求権の弁済請求」という文言がある。これをもって、徴用工の問題は日韓請求権協定により「完全かつ最終的に解決された」というのが日韓両政府のこれまでの解釈とされてきた。

しかし、大法院（多数意見）は、第五項が日本による植民地支配の不法性を前提にしていないことを強調し、次のように説示する。「本件で問題となる原告らの損害賠償権は日本政府の韓半島に対する不法な植民支配および侵略戦争の遂行と直結した日本企業の反人道的な不法行為を前提とする強制動員被害者の日本企業に対する慰謝料請求権であるという点を明確にしておかなければならない。原告らは被告に対して未払賃金や補償金を請求しているのではなく、上記のような慰謝料を請求しているのである」（山本春太氏らの訳による）。

つまり、合意議事録を通じて解決された請求権問題は財政的・民事的債権債務関係に限られ、不法な植民地支配に直結して行われた反人道的な不法行為に基づく損害賠償請求権までは含まれない、というのである。

こうした解釈は二〇一二年五月二四日の三菱事件・大法院差戻し判決において示されていたものの再述であり、けっして新奇なものではない。それゆえ、「初物」に接するかのように喫驚《きっきょう》するのは精確さを欠くのだが、ともあれ、首相やマスコミがこの判決に過敏なまでに反応したのは、個人請求権問題をまたぞろ蒸し返すものに見えたからに違いない。「国際法に照らしてあり得ない」という評言にも、請求権問題は一九六五年協定により解決済みではなかったのか、という苛立ちにも似た想念が込められているように見受けられる。

外交保護権のみ放棄論

個人の請求権問題が日韓請求権協定によりすべて解決済みであるのなら、そもそも訴えを起こすこと自体が無理筋である。だが、日本政府の解釈はそのようなものではなかった。

一九九一年八月二七日、参議院予算委員会での答弁に際し、外務省条約局長は政府の立場を次のように説明している。「日韓請求権協定におきまして、両国間の請求権問題は最終かつ完全に解決した[ということが意味するのは]日韓両国が国家として持っております外交保護権を相互に放棄したということでございます。したがいまして、いわゆる個人の請求権そのものを国内法的な意味で消滅させたというものではございません」。当然ながら、日本国内の戦後補償裁判においても個人の請求権問題は協定により解決済みという主張を政府はしてこなかった。

日韓請求権協定のなかでも言及されるサンフランシスコ平和条約は、国家のみならず国民の請求権も放棄することを明記している。その意味するところについて、日本政府は、「放棄された請求権は外交保護権に関するものであり、被害者個人がこれとは独立して直接に賠償を求める国際法上の請求権或いは私法上（国内法上）の損害賠償権の如きはこれを含まないと解すべきである。即ち後者の権利は本来国家のもつ権利でないから、国家が外国との条約によってどんな約束をしようとそれによって直接に個人がこの権利を失う結果を生ずるものではない」と説いてきた（東京高判一九五九・四・八）。

個人の請求権放棄が明文で記されているにもかかわらず日本政府自らが条文にそぐわぬ主張を行ったのは、山手治之教授の言葉を借りるなら、「日本国民から、占領軍による被害、在外財産の処分、原爆被害、シベリア抑留等に関する被害者個人の連合国に対する請求権を日本国政府が平和条約によって放棄したことに対する憲法二九条に基づく補償を請求された［際に］、個人の請求権自体は消滅しておらず相手国の国内裁判所に訴える個人の権利まで奪っていないから憲法二九条に基づく補償義務はない、と言い逃れするため」であったとされる（『京都学園法学』二〇〇一年一号）。もっとも、言い逃れであろうと一旦そういってしまった以上、一九九〇年代に入って韓国などアジアの人々から賠償を求められたときにも、上記のような答弁をせざるを得なかったわけである。

解釈の変遷

ところが、二〇〇一年二月、オランダ人元捕虜らの損害賠償請求が係属していた東京高裁で、日本政府は突如「『請求権の放棄』とは日本国及び日本国民が連合国民による国内法上の権利に基づく請求に応ずる法律上の義務が消滅したものとして、これを拒絶することができる旨が定められたものと解すべきである」という主張に転換する。

政府の弁明によれば、これまでの主張となんら齟齬《そご》はないという。放棄されたのは外交保護権のみであって個人の請求権は消滅していないが、「この請求権は平和条約の結果満足を得ることができなくなる。すなわち救済なき権利にすぎない」というのである。

なんとも分かりにくい理屈であり、山手教授はこれを「詭弁《きべん》である」と論難し、こう言葉を連ねる。「日本国民の憲法二九条に基づく補償請求を退けるために政府は国民個人の請求権を放棄していないという主張をしたのであるから、その請求権が最初から意味のない権利であっては困る」。これに対して新たな主張は「外国人の補償請求に対して、個人の請求権は放棄されないで存在しているという従来の主張を維持しながら、実質的にこれを否定するための議論であるから、残っている個人の請求権［は］無意味な権利でなくては困る」。ここに詭弁の所以《ゆえん》がある。

二〇〇七年四月二七日、中国人被害者からの訴えを受けて最高裁は、個人請求権放棄とは、サンフランシスコ平和条約とその「枠組み」により、被害者たちが裁判で救済を求める法律上の能力を喪失したことを意味する、という判断を示すに及んだ。「平和条約を締結しておきながら戦争の遂行中に生じた種々の請求権に関する問題を、事後的個別的な民事裁判上の権利行使をもって解決するという処理にゆだねたならば、将来、どちらの国家又は国民に対しても、平和条約締結時には予測困難な過大な負担を負わせ、混乱を生じさせることとなるおそれがあり、平和条約の目的達成の妨げになる」という理由からである。

最高裁によれば、個人請求権の放棄とは、「請求権を実体的に消滅させることまでを意味するものではなく」、あくまで「当該請求権に基づいて裁判上訴求する権能を失わせるにとどまる」。実体的請求権は残るが訴権はなくなった、ということである。

解釈変遷のこうした軌跡を辿《たど》り直すと明らかなように、日本政府は二一世紀に入るまで個人請求権は日韓請求権協定などによっても消滅しないという立場であった。それが「救済なき権利」という主張に変質し、さらに最高裁の判断を通じて、実体的請求権は残るが裁判上の権利行使はできないという解釈に逢着したことが分かる。

迷走という以外にないが、この間一貫していたものが政府にあったとすれば、「責任を真に認めようとしない主体性のなさ」（故・新見隆弁護士の言）ということになるのかもしれない。

マスコミ報道は、韓国大法院が個人請求権の存在を認めたことにきわめて懐疑的だが、右で見たように、日本政府は個人請求権問題をけっして解決済みとはしてこなかった。それどころか、個人請求権の残存は政府自身が唱道してきた立場であったことを銘記しておく必要がある。

人権、植民地支配

個人請求権については、結論的に、韓国大法院と日本の最高裁の判断の間に、訴権の存否において吻合《ふんごう》しないところがあるものの、実体的権利の残存という点では一致を見ている。

訴権の存否に関連して看過すべきでないのは、協定の解釈適用が二一世紀の深まる現時点において問題になっていることである。国際司法裁判所が判ずるように、「国際文書は、解釈の時点において支配的な法体系全体の枠内で解釈適用されなければならない」(一九七一年ナミビア事件勧告的意見)からである。また、同裁判所裁判官であったウィーラマントリーが個別意見の中で示した次の指摘も合わせて想起しておかなくてはならない。「人権に影響を与える条約は、その適用の時点において人権を否認するようには適用できない」(一九九七年ガブチコボ・ナジュマロス事件)。

請求権協定とのかかわりでとりわけ重要なのは、日韓両国を拘束している自由権規約(市民的及び政治的権利に関する国際規約)の存在である。同規約は「効果的な救済を受ける権利」と「公正な裁判を受ける権利」を主要素とする「司法(＝裁判・正義)にアクセスする権利」を保障している。強制労働をしいられた被害者たちは、裁判を通じて効果的な救済を求めることを人権として保障されている。ただし、正統な目的を追求するために、適切な賠償措置などが別途確保されるのであれば、司法へのアクセスを制限しても、それは合理的なものとして正当化される。

残念ながら、「救済なき権利」という日本政府の主張も、訴権のみ消滅させる最高裁の判断も、自由権規約によるこうした権利保障を踏まえたものではなかった。

もとより、請求権協定により日本は韓国に金員を支払っており、この措置が権利の制限を正当化し得るかは検討に値する。だが大法院判決が指摘するように、当該支払いは基本的に経済的性格のものであって、個人請求権問題解決のために用いられるという認識は日本政府も有していなかった。それゆえ司法へのアクセス制限を正当化する効果的な措置とはいいがたく、訴権消滅の合理的な根拠と評するのは難しい。国内措置の欠如・不十分性も勘案するに、訴権の残存を説く大法院解釈のほうが、人権を基軸とする現在の国際法体系にかなったものと考えられる。

もう一つ指摘するに、大法院の判断は日本の植民地支配が違法であったことを前提としている。韓国憲法に基づく基本認識ではあるが、この評価も、韓国併合を合法と捉えてきた向きには受け入れがたいところであろう。

たしかに植民地支配は国際法の歴史叙述にあって違法と描かれることは一般的でない。しかしそれは、これまでの歴史叙述が西洋や主権国家、男性、さらにいえば現行の支配的秩序を偏重するものだったからにほかならない。

人権を基軸におく国際社会の新しい潮流は、先住民族、女性、マイノリティなど、国際法について語る能力を奪われてきた者による歴史叙述のスペースを押し広げている。植民地支配はその最重要テーマの一つに相違ない。国際法の歴史を「下（支配されてきた側）から」紡ぎ直す動勢が地下茎のようにつながって世界各所で出来している。大法院判決は、東アジアにおけるその一つの現れというべきものでもある。

徴用工問題解決への道は、二一世紀の今日、国家間の枠組みを超えて普遍的な人権の理念に沿って探られていかなくてはならない。あわせて、この問題には、植民地支配の法的評価をどうするのかという、東アジアの未来に向けた重大な歴史的問いが賭けられていることも心にとどめおくべきである。

著者紹介

阿部　浩己（あべ　こうき）
1958年伊豆大島生まれ。明治学院大学国際学部教授。神奈川大学名誉教授。
専攻は国際法・国際人権法。博士（法学）（早稲田大学）。国際人権法学会理事長・日本平和学会会長・川崎市人権施策推進協議会会長などを歴任。現在、アジア国際法学会理事・法務省難民審査参与員。主な著書に、『国際法を物語るⅠ』（朝陽会、2018年）、『国際法を物語るⅡ』（朝陽会、2019年）、『国際法の人権化』（信山社、2014年）、『国際人権を生きる』（信山社、2014年）、『国際法の暴力を超えて』（岩波書店、2010年）、『無国籍の情景』（国連難民高等弁務官駐日事務所、2010年）、『沖縄から問う日本の安全保障』（共編著、岩波書店、2015年）、『テキストブック国際人権法』（共著、日本評論社、2009年）など。

グリームブックス（Gleam Books）

著者から機知や希望の“gleam《ひらめき》”を受け取り、読者が深い思考につなげ、新しい“gleam《かがやき》”を発見する。そんな循環がこのシリーズから生まれるよう願って名付けました。

国際法を物語るⅢ
―人権の時代へ―

2020年６月10日　発行

価格は表紙カバーに表示してあります。

著　者　　阿部　浩己

発　行　　株式会社　朝 陽 会　〒340-0003　埼玉県草加市稲荷2-2-7
電話（出版）　048（951）2879
http : www.choyokai.co.jp/

編集協力　有限会社　雅 粒 社　〒181-0002　東京都三鷹市牟礼1-6-5-105
電話　　　　0422（24）9694

ISBN978-4-903059-62-4
C0032　¥1000E

落丁・乱丁はお取り替えいたします。